高等职业教育城市轨道交通专业系列教材

CHENGSHI GUIDAO JIAOTONG
MENJIN XITONG

城市轨道交通门禁系统

主　编　吕　蒙　雷云鹏*　柴　亮*
副主编　师　超*　王文峥*　牛晨旭　屈辰鸣
参　编　张继哲*　武　杰*　孙建龙*　魏帅飞*
主　审　高彦军*

（注：标注有*的人员为郑州地铁集团有限公司运营分公司专家）

图书在版编目(CIP)数据

城市轨道交通门禁系统／吕蒙,雷云鹏,柴亮主编.—西安：西安交通大学出版社,2023.12
　ISBN 978-7-5693-2898-1

　Ⅰ.①城… Ⅱ.①吕… ②雷… ③柴… Ⅲ.①城市铁路-轨道交通-安全设备 Ⅳ.①U239.5

中国版本图书馆 CIP 数据核字(2022)第 218235 号

Chengshi Guidao Jiaotong Menjin Xitong

书　　名	城市轨道交通门禁系统
主　　编	吕　蒙　雷云鹏　柴亮
策划编辑	曹　昳　杨　璠
责任编辑	张　欣　曹　昳
责任校对	李　文
出版发行	西安交通大学出版社 （西安市兴庆南路1号　邮政编码 710048）
网　　址	http://www.xjtupress.com
电　　话	(029)82668357　82667874(市场营销中心) (029)82668315(总编办)
传　　真	(029)82668280
印　　刷	西安五星印刷有限公司
开　　本	787mm×1092mm　1/16　印张 13.25　字数 312千字
版次印次	2023年12月第1版　2023年12月第1次印刷
书　　号	ISBN 978-7-5693-2898-1
定　　价	45.80元

如发现印装质量问题,请与本社市场营销中心联系。
订购热线:(029)82665248　(029)82667874
投稿热线:(029)82668804
读者信箱:phoe@qq.com

版权所有　侵权必究

前言

党的二十大报告提出："坚持把发展经济的着力点放在实体经济上，推进新型工业化，加快建设制造强国、质量强国、航天强国、交通强国、网络强国、数字中国。"城市轨道交通是交通运输产业的重要组成部分，其正在向高质量、现代化阶段发展，城市轨道交通自动化系统应用愈发广泛。作为城市轨道交通自动化系统的重要组成部分，门禁系统集自动识别技术和现代安全管理措施为一体，是解决出入口安全防范管理的有效措施，为城市轨道交通正常、安全运营，授权人员在受控情况下方便地进出设备管理区域提供了有效的系统措施。

在城市轨道交通门禁系统普及设置的当下，维修部门对检修人员的技能培训需求日益增加。为了做好城市轨道交通门禁系统检修工的人才培养，形成标准化的培训体系及教材，作者结合郑州地铁多年的检修维保经验，编制了本书。

本书主要包括城市轨道交通门禁系统概述、门禁系统基础知识、门禁系统设备、门禁系统的功能与性能、门禁系统的基本操作、常用检修工器具、门禁系统维护与维修、门禁系统图纸、门禁系统相关规范等项目。本书阐述了城市轨道交通门禁系统理论及实操知识，并结合郑州地铁运营现场经验梳理归纳门禁系统维修及设备操作知识，内容贴合实际。本书编写团队还开发了微课视频、实操视频及动画视频等数字教学资源，用更灵活的教学方式为读者的学习提供方便。本书可作为城市轨道交通门禁系统的专业教材，也可作为地铁公司门禁系统检修岗位的培训教材。

本书由郑州铁路职业技术学院和郑州地铁集团有限公司校企合作共同编写，校企在课程资源共建共享、技术互通融合方面有着深厚的合作基础。本书由吕蒙、雷云鹏、柴亮担任主编，负责全书的统稿，师超、王文峥、牛晨旭、屈辰鸣担任副主编，高彦军担任主审。其中吕蒙编写项目二、项目三和项目六，雷云鹏编写项目十，柴亮编写项目九，师超编写项目五，王文峥、武杰编写项目一、项目八，牛晨旭编写项目四和项目五，孙建龙、魏帅飞负责编写项目七。本书在编写过程中，得到郑州地铁集团有限公司的大力支持，柴亮、王文峥、武杰、张继哲、师超、孙建龙、魏帅飞等在教材的编写中参与校企合作沟通、教材规划、图片搜集、资料整理及视频录制等工作,对他们的辛苦付出表示感谢。

本书内容参考了相关国家规范标准、政策性文件、文献资料等,在资料搜集及编写的过程中也参阅了许多国内外公开出版与发表的教材及文献,在此一并表示感谢!

由于编写时间仓促及编者水平所限,本书一定存在许多不足之处,敬请广大读者提出宝贵意见,我们将认真听取并及时改正。

编 者

2022 年 12 月

目 录

项目一　城市轨道交通门禁系统概述　………………………………………（ 1 ）
　任务一　门禁系统简介　………………………………………………（ 2 ）
　任务二　门禁系统网络架构　…………………………………………（ 5 ）

项目二　门禁系统基础知识　………………………………………………（ 7 ）
　任务一　常用电气元件　………………………………………………（ 9 ）
　任务二　计算机技术基础　……………………………………………（ 15 ）
　任务三　通信技术基础　………………………………………………（ 29 ）
　任务四　射频识别技术　………………………………………………（ 36 ）
　任务五　数据库技术　…………………………………………………（ 39 ）

项目三　门禁系统设备　……………………………………………………（ 43 ）
　任务一　门禁系统架构　………………………………………………（ 45 ）
　任务二　中央级门禁设备　……………………………………………（ 49 ）
　任务三　车站级门禁设备　……………………………………………（ 52 ）
　任务四　就地级门禁设备　……………………………………………（ 58 ）
　任务五　门禁系统与其他系统接口　…………………………………（ 62 ）

项目四　门禁系统的功能与性能　…………………………………………（ 67 ）
　任务一　门禁系统的基本功能　………………………………………（ 69 ）
　任务二　门禁系统各层级系统功能与性能　…………………………（ 72 ）

项目五　门禁系统的基本操作　……………………………………………（ 79 ）
　任务一　门禁工作站的基本操作　……………………………………（ 81 ）

任务二　中央级数据库备份 ·· (93)
　　任务三　门禁授权操作 ·· (96)

项目六　常用检修工器具 ·· (107)
　　任务一　数字万用表 ·· (109)
　　任务二　钳形表 ·· (112)
　　任务三　兆欧表 ·· (114)
　　任务四　网线钳 ·· (116)
　　任务五　网线测试仪 ·· (118)
　　任务六　光纤导通测试笔 ·· (120)
　　任务七　光功率计 ·· (122)

项目七　门禁系统维护与维修 ··· (125)
　　任务一　门禁系统的维护管理 ··· (127)
　　任务二　门禁系统的故障处理 ··· (130)

项目八　门禁系统图纸 ·· (156)
　　任务一　电气识图的基础知识 ··· (158)
　　任务二　门禁系统施工图 ·· (161)
　　任务三　门禁系统配线图 ·· (167)
　　任务四　门禁系统安装大样图 ··· (180)

项目九　门禁系统相关规范 ·· (184)
　　任务一　地铁设计规范 ·· (186)
　　任务二　出入口控制系统工程设计规范 ······························· (190)
　　任务三　城市轨道交通公共安全防范系统工程技术规范 ········ (196)

参考文献 ··· (202)

附录 1　城市轨道交通门禁系统常用英文缩略语对照表 ················ (203)

附录 2　城市轨道交通门禁相关标准规范 ································· (204)

项目一
城市轨道交通门禁系统概述

思政课堂

中国是世界上地铁运营里程最长的国家。

截至2022年初，全国31个省（自治区、直辖市）和新疆生产建设兵团共有51个城市开通运营城市轨道交通线路270余条，运营里程8800余公里，每月平均开行列车270余万列次，每月平均客运量约20亿人次。据统计，全球2021年城市地铁运营里程排行榜前12名中，我国城市占据8席，其中前4名均为我国城市。

项目概述

城市轨道交通具有车站多、分布广、管理人员少的特点。为确保地铁正常、安全运营，保证授权人员在受控情况下方便地进入设备管理区域，防止非授权人员进入限制区，城市轨道交通各段场、车站等重要区域均设置了门禁系统。门禁系统集自动识别技术和现代安全管理措施为一体，是解决重要区域出入口安全防范管理的有效措施，在轨道交通综合自动化系统中发挥着重要的作用。

学习目标

1. 知识能力目标

(1) 熟悉系统概述、门禁系统标准规范及专业术语说明。

(2) 熟悉门禁系统的构成原则。

(3) 掌握门禁系统的网络结构。

2. 素质目标

(1) 交通强国，树立文化自信，提升民族自豪感。

(2) 科技创新，培养创新意识。

城市轨道交通**门禁系统**

任务一 门禁系统简介

知识单元一 城市轨道交通门禁系统概述

门禁系统即 access control system，简称 ACS。指"门"的禁止权限，是对"门"的戒备防范。这里的"门"，广义来说，包括能够通行的各种通道，包括人通行的门、车辆通行的门以及其他物品通行的门等。

一般场所门禁安全管理系统是新型现代化安全管理系统，它集微机自动识别技术和现代安全管理措施为一体，涉及电子、机械、光学、计算机技术、通信技术、生物技术等诸多新技术。它是解决重要部门出入口实现安全防范管理的有效措施。适用各种重要场所，如学校、银行、宾馆、停车场、机房、军械库、机要室、办公间、智能化小区、工厂等。

门禁系统早已超越了单纯的门道及钥匙管理，逐渐发展成为一套完整的出入管理系统。它在工作环境安全、人事考勤管理等行政管理工作中发挥着较大的作用。门禁系统结构示意图如图 1-1-1 所示。

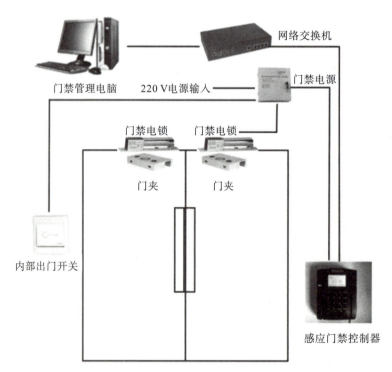

图 1-1-1 门禁系统结构示意图

城市轨道交通具有线路长、车站多、管理人员少的特点，车辆段及各车站为地铁运行的核心控制管理区域，大部分房间无人值班。为确保地铁正常、安全运营，保证授权人员在受控情况下方便地进入设备管理区域，防止非授权人员进入限制区，特别在车站、车辆段、控制中心主要的设备管理用房设置出入口控制系统（也称门禁系统）。依据现行规范要求，门禁系统界面集成于安防集成平台内。

知识单元二　门禁系统构成原则

门禁系统按照两级管理、三级控制的原则进行设置。门禁系统的车站级和就地级负责就地数据的采集、转换、本地存储及上传。中央级门禁系统对各个车站及车辆段、主变电站门禁系统进行监控。

1. 车站门禁设备的主要设置地点

（以下没有说明设置要求的门，门禁设置原则均按照单向设置读卡器考虑。）

1）管理用房

车站控制室、站长室、站务室、站台面向公共区的乘务用房、男更衣室、女更衣室等。

AFC 票务室应设双向读卡器，进门侧设密码键盘或其他识别装置。

2）设备用房

通信设备室、信号设备室、综合监控设备室、自动售检票系统（automation fare collection，AFC）设备室、照明配电室、电源整合蓄电池室、电源整合不间断电源室、变电所设备用房（包括整流变压器室、35 kV 开关柜室、整流开关柜室、控制室、低压开关柜室等）、环控机房、环控电控室、气瓶室、站台门控制室及消防泵房、污水泵房、废水泵房等与行车安全相关的设备用房。

3）通道门

设备管理区直通地面的紧急疏散通道门、设备管理区直通公共区的通道门的安全等级为四级，且设置单向读卡器。公共区直通地面的紧急疏散通道门、设备区直通轨行区的通道门或楼梯间门的安全等级为三级，且设置双向读卡器，其紧急出门按钮设在设备区侧。

公共区客服中心处边门的安全等级均为四级，并设置单向读卡器置于非付费区侧。

设备管理区直通区间（隧道）的通道门或楼梯间门，应设置三级安全等级的门禁，设双向读卡器，即位于站台的门在区间侧设置读卡器、紧急出门按钮，在楼梯侧设置读卡器；位于站厅设备区的门在疏散楼梯侧设置出门按钮、紧急出门按钮，在设备区走廊侧设置读卡器。车站公共区付费区、非付费区至地面的安全出口的门禁宜设置双向读卡器，即公共区付费区、非付费区侧设置读卡器和紧急出门按钮，安全出口楼梯侧设置读卡器。

针对全自动驾驶线路，在车站全自动区域与非全自动区域分隔门处（如车站站台层下轨行区的实体门或栅栏门处）设置门禁，门禁安全等级为三级，设置双向读卡器。

2. 段场设置的主要地点

(1)设备用房：通信设备室及电源室、信号设备室及电源室、变电所控制室及设备室、综合监控设备室及电源室、消防控制室、自动售检票维修及重要管理用房、车厂控制中心调度台边门等。

(2)管理用房：重要维修和测试设备用房。

针对全自动驾驶线路，车辆段全自动区域与非全自动区域分隔门处应设门禁，门禁安全等级为三级，并设置双向读卡器。

3. 区间风井门禁设备的主要设置地点

区间风井门禁的主要监控对象包括：重要的系统及设备用房门和通道门。

(1)设备用房应包括 0.4 kV 低压开关柜室、控制室、环控机房、环控电控室、FAS/BAS 配线间等。设备用房的门应设置四级安全等级的门禁。

(2)通道门应包括通往轨行区的通道门。通道门设置三级安全等级的门禁。区间风井的就地控制器通过光纤就近接入附近车站的门禁主控制器。

4. 控制中心点位及要求

主要监控对象包括：设备用房门、管理用房门和通道门。

(1)设备用房：弱电综合设备室、弱电综合电源室、气瓶间。应设置四级安全等级的门禁。

(2)管理用房：中央控制室应设置一级安全等级的门禁；弱电综合网管室、消防控制室应设置四级安全等级的门禁。

(3)通道门：进入中央控制室的通道门应设置一级安全等级的门禁。

5. 控制器设置要求

公共区疏散通道门、有人区使用频繁的通道门、票务管理室、设备管理区直通地面的紧急疏散通道门等宜按单门一控一进行设置，其他房间可以按双门或多门进行控制。

设有门禁装置的通道门、系统和设备用房门、管理用房门的电子锁应满足消防疏散和防冲撞的要求。电子锁应具备断电自动释放功能，设备及管理用房电子锁还应具备手动机械解锁功能。

任务二 门禁系统网络架构

门禁系统采用分层分布式网络结构，实现二级管理、三级控制模式(图 1-2-1)。各车站、车辆段组成门禁车站级系统，对本区域的门禁进行管理和监控；在控制中心(含临时控制中心)设置冗余的中央门禁系统，对各车站级门禁系统进行二级管理。

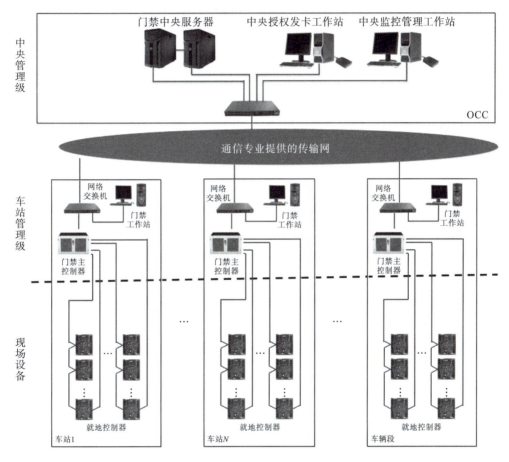

图 1-2-1 门禁系统网络构成图

车站级主控制器能够完成对本站门禁系统的管理、控制等功能，保证各车站级不依赖于外部通信环境和服务环境，可脱离中央服务器网络，自成一体，安全可靠地独立运行。区间风井不设置门禁主控制器，而是接入附近车站，由附近车站门禁主控制器控制。

各车站级门禁系统，通过通信系统提供的网络(支持传输控制协议/网际互联协议)与中央服务器联网，建立基于 IP 网络的双向数据通道。中央服务器的数据库涵盖各站点的门禁管理数据与事件数据，并可完成数据查看、修改、报表制作。各车站级同样拥有数据库，通过设置权限仅开发本站点的门禁管理数据与事件数据，实现对本站门禁系统的数据管理、查看等。

各车站级门禁系统的门禁控制器具有脱机功能，能独立运行，并可存储资料，保护数据。其中，门禁就地控制器与读卡器直接连接，可直接采集并处理读取的卡片信息。

中央级管理工作站的授权用户能查看和控制各车站级门禁子系统。中央服务器的数据库具有完整的各车站级系统的数据。控制中心的安防集成平台工作站上可以显示门禁系统的工作状态。

课后习题

一、单项选择题

1. ACS 的层次结构可以分为中央级、车站级、就地级，也即是通常所说的（　　）。

A. 三级控制，两级管理　　　　　　B. 两级控制，三级管理

C. 三级控制，三级管理　　　　　　D. 两级控制，两级管理

2. 以下区域设置三级门禁的是（　　）。

A. 车站控制室　　　　　　　　　　B. 信号设备室

C. 设备区直通轨行区的通道门　　　D. 客服中心边门

二、简答题

1. 请查阅资料，简述 ACS、AFC、CCTV、CLK、FAS、IBP、ISCS、MTBF、MTTR、OCC、TCP/IP 的中文含义。

2. 请简述门禁系统的网络结构。

项目二
门禁系统基础知识

思政课堂

郑州大都市圈轨道交通研究方案出炉

采用"贯穿＋放射＋互联"布局思路，构建"三主两联九放射"的都市圈轨道交通网，实现对都市圈范围内中心城市和县城的高效覆盖，串联都市圈内主要核心板块和重要交通枢纽。"三主"分别为 S2 主线、S3 主线和 S4 主线，S2 主线为东西向主线，主要支撑沿陇海城镇发展主轴；S3 主线为南北向主线，主要支撑沿京广城镇发展主轴；S4 主线为西北至东南主线，主要支撑郑州主副城协同及郑焦一体化发展主轴。"两联"指 S2/S3 联络线和 S2/S4 联络线，可进一步增加线网调度灵活性和运营弹性，有助于实现各线路之间的互联互通。"九放射"分别指主线延伸至开封、洛阳（巩义）、新乡、焦作、许昌、原阳、登封（新密）、尉氏、平顶山（新郑）等方向的支线，不断拓展提升都市圈轨道交通覆盖范围。

线网由 S1、S2、S3、S4 线 4 条线路及联络线组成，全长约 1035 公里，线网规划了 S2 与 S3 之间，S2 与 S4 之间的联络线，实现了不同线路之间的跨线运营和互联互通，显著提升了线网的直达性和时效性，有效满足都市圈 30 公里内半小时通达，60 公里内 1 小时通达的需要。

项目概述

门禁系统作为轨道交通综合自动化系统的一部分。其系统设置、设备原理涉及多方面的基础知识，所以在学习门禁系统知识之前，需要对相关的基础知识有一定的了解和掌握。如了解数据库是什么，TCP/IP 协议又是什么。在学习本项目基础知识后，我们会加深对城市轨道交通门禁系统原理的认知。

城市轨道交通门禁系统

 学习目标

1. 知识能力目标

(1) 熟悉常用电器元件的原理及应用。

(2) 了解 Windows、Linux 系统的概况。

(3) 了解计算机网络的基础知识。

(4) 了解通信基础知识。

(5) 熟悉 TCP/IP、Modbus 通信协议基础知识。

(6) 了解射频识别技术基础知识。

(7) 了解数据库技术基础知识。

(8) 了解以太网交换技术基础知识。

2. 素质目标

(1) 夯实基础,培养踏实务实的精神。

(2) 扎根生产,提升行业荣誉感,努力推动行业新技术发展。

任务一　常用电气元件

知识单元一　继电器

1. 继电器概述

继电器是一种电控制器件,是当输入量(激励量)的变化达到规定要求时,在电气输出电路中使被控量发生预定的阶跃变化的一种电器。继电器实际上是用小电流去控制大电流运作的一种"自动开关",在电路中起着自动调节、安全保护、转换电路等作用,我们习惯称为中间继电器,如图2-1-1所示。

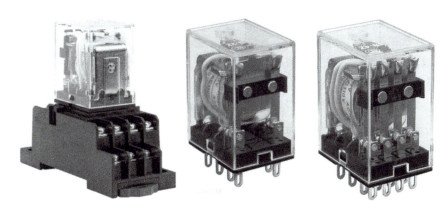

图2-1-1　继电器

2. 继电器原理

继电器是具有隔离功能的自动开关元件,广泛应用于遥控、遥测、通信、自动控制、机电一体化及电力电子设备中,是最重要的控制元件之一。

继电器一般都有能反映一定输入变量(如电流、电压、功率、阻抗、频率、温度、压力、速度、光等)的感应机构(输入部分);有能对被控电路实现"通""断"控制的执行机构(输出部分);在继电器的输入部分和输出部分之间,还有对输入量进行耦合隔离、功能处理和对输出部分进行驱动的中间机构(驱动部分)。

3. 继电器作用

(1)扩大控制范围。多触点继电器控制信号达到某一定值时,可以按触点组的不同形式,同时换接、开断、接通多路电路。

(2)放大。例如,灵敏型继电器、中间继电器等,用一个很微小的控制量,可以控制很大功率的电路。

(3)综合信号。当多个控制信号按规定的形式输入多绕组继电器时,经过比较综合，达到预定的控制效果。

（4）自动化运行。自动装置上的继电器与其他电器一起，可以组成程序控制线路，从而实现自动化运行。

4. 继电器分类

1）按继电器的工作原理或结构特征分类

（1）电磁继电器：利用输入电路内电路在电磁铁铁芯与衔铁间产生的吸力作用而工作的一种电气继电器。

（2）固体继电器：指电子元件履行其功能而无机械运动构件的，输入和输出隔离的一种继电器。

（3）温度继电器：当外界温度达到给定值时而动作的继电器。

（4）舌簧继电器：利用密封在管内，具有触点簧片和衔铁磁路双重作用的舌簧动作来开、闭或转换线路的继电器。

（5）时间继电器：当加上或除去输入信号时，输出部分需延时或限时到规定时间才闭合或断开其被控线路的继电器。

（6）高频继电器：用于切换高频、射频线路的具有最小损耗的继电器。

（7）极化继电器：有极化磁场与控制电流通过控制线圈所产生的磁场综合作用而动作的继电器。继电器的动作方向取决于控制线圈中流过的电流方向。

（8）其他类型的继电器：如光继电器，声继电器，热继电器，仪表式继电器，霍尔效应继电器，差动继电器等。

2）按继电器的外形尺寸分类

（1）微型继电器。

（2）超小型微型继电器。

（3）小型微型继电器。

注：对于密封或封闭式继电器，外形尺寸为继电器本体三个相互垂直方向的最大尺寸，不包括安装件、引出端、压筋、压边、翻边和密封焊点的尺寸。

3）按继电器的负载分类

（1）微功率继电器。

（2）弱功率继电器。

（3）中功率继电器。

（4）大功率继电器。

4）按继电器的防护特征分类

（1）密封继电器。

（2）封闭式继电器。

（3）敞开式继电器。

5)按继电器动作原理分类

(1)电磁型。

(2)感应型。

(3)整流型。

(4)电子型。

(5)数字型等。

6)按照反应的物理量分类

(1)电流继电器。

(2)电压继电器。

(3)功率方向继电器。

(4)阻抗继电器。

(5)频率继电器。

(6)气体(瓦斯)继电器。

7)按照继电器在保护回路中所起的作用分类

(1)启动继电器。

(2)量度继电器。

(3)时间继电器。

(4)中间继电器。

(5)信号继电器。

(6)出口继电器。

5. 应用

门禁系统就地控制器接线端子上的 C、NC、NO 触点,应用的就是继电器的逻辑原理。

知识单元二　空气开关

1. 空气开关概述

空气开关(图 2-1-2),又名空气断路器,是断路器的一种。当电路中电流超过额定电流,空气开关就会自动断开。空气开关是低压配电网络和电力拖动系统中非常重要的一种电器。它集控制和多种保护功能于一身,除能完成接触和分断电路外,还能对电路或电气设备发生的短路、严重过载及欠电压等进行保护,同时也可以用于不频繁地启动电动机。

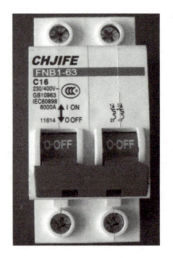

图 2-1-2 空气开关

2. 空气开关的原理

当线路发生短路或严重过载电流时，短路电流超过瞬时脱扣整定电流值，电磁脱扣器产生足够大的吸力，将衔铁吸合并撞击杠杆，使搭钩绕转轴座向上转动与锁扣脱开，锁扣在反力弹簧的作用下将三副主触头分断，切断电源。开关的脱扣机构是一套连杆装置。当主触点通过操作机构闭合后，就被锁钩锁在合闸的位置。如果电路中发生故障，则有关的脱扣器将产生作用使脱扣机构中的锁钩脱开，于是主触点在释放弹簧的作用下迅速分断。按照保护作用的不同，脱扣器可以分为过电流脱扣器及失压脱扣器等类型。

3. 空气开关的作用

（1）两相或相与地之间的短路保护。

（2）电器过流保护。

（3）电路发生漏电时保护电器。

4. 空气开关的分类

（1）按极数分：单极、两极和三极。

（2）按保护形式分：电磁脱扣器式、热脱扣器式、复合脱扣器式（常用）和无脱扣器式。

（3）按分断时间分：一般和快速式（先于脱扣机构动作，脱扣时间在 0.02 s 以内）。

（4）按结构形式分：塑壳式、框架式、限流式、直流快速式、灭磁式和漏电保护式。

5. 空气开关的使用

空气开关选择时要注意以下几点：

(1) 根据用途选择自动空气开关的型式和极数。
(2) 根据最大工作电流来选择自动空气开关的额定电流。
(3) 根据需要选择脱扣器的类型、附件的种类和规格。
(4) 要注意上下级开关的保护特性，合理配合，防止越级跳闸。
(5) 合理选择空气开关的额定电流值。

知识单元三　分励脱扣器

1. 分励脱扣器的作用

分励脱扣器是一种远距离操纵分闸的附件。分励脱扣器是短时工作制，线圈通电时间一般不能超过1 s，否则线圈会被烧断。塑壳断路器为防止线圈烧毁，在分励脱扣器串联一个微动开关，当分励脱扣器通过衔铁吸合，微动开关从闭合状态转换成断开，由于分励脱扣器电源的控制线路被切断，即使人为地按住按钮，分励线圈始终不能再通电，这就避免了线圈烧损情况的产生。当断路器再次扣合闸后，微动开关重新回到闭合位置。

2. 原理及应用

分励脱扣器本质上是一个分闸线圈加脱扣器。当给分励脱扣线圈加上规定的电压，断路器就会脱扣而分闸。当发生火灾时，消防控制室发出报警信号，这个信号一般是一个直流24 V的电压信号。通过在对应的非消防负载断路器上安装分励脱扣器，并加装一个24 V中间继电器，可以把24 V的消防跳闸信号接至中间继电器。中间继电器的常开触点串联到断路器的分励脱扣线圈回路中。通过输出模块、配电箱内中间继电器与分励脱扣器的配合切除非消防负荷。

知识单元四　光纤

1. 光纤概述

光纤是光导纤维的简写，是一种由玻璃或塑料制成的纤维，可作为光传导工具。微细的光纤封装在塑料护套中，使得它能够弯曲而不至于断裂。通常，光纤的一端的发射装置使用发光二极管（light emitting diode，LED）或一束激光将光脉冲传送至光纤，光纤的另一端的接收装置使用光敏元件检测脉冲。

在日常生活中，由于光在光导纤维的传导损耗比电在电线传导的损耗低得多，光纤被用作长距离的信息传递。

2. 光纤的分类

按照光纤传输的模式数量，可以将光纤的种类分为单模光纤和多模光纤。

1) 单模光纤

单模光纤是指在工作波长中，只能传输一个传播模式的光纤，通常简称为单模光纤（single mode fiber，SMF）。在有线电视和光通信中，是应用最广泛的光纤。SMF 没有多模色散且材料色散和结构色散相加抵消，具有零色散的特性，传输频带比多模光纤宽。SMF 根据掺杂物不同与制造方式的差别可分为多种类型。其中，包括凹陷包层光纤。其包层为两重结构，邻近纤芯的包层较外倒包层的折射率还低。

单模光纤只能传输基模（最低阶模），不存在模间时延差，具有比多模光纤大得多的带宽，这对于高码速传输是非常重要的。单模光纤的模场直径仅几微米，其带宽一般比渐变型多模光纤的带宽高一两个数量级。因此，它适用于大容量、长距离的通信。

2）多模光纤

在给定的工作波长上传输多种模式的光纤称为多模光纤（multimode optical fiber，MMF）。由于 MMF 的传输模式可达几百个，与 SMF 相比传输带宽主要受模式色散支配。MMF 在历史上曾用于有线电视和通信系统的短距离传输。由于 MMF 较 SMF 的芯径大且与 LED 等光源结合容易，在众多 LAN 中更有优势。所以，在短距离通信领域中 MMF 仍在重新受到重视。MMF 按折射率分布进行分类时，有：渐变（GI）型和阶跃（SI）型两种。GI 型的折射率以纤芯中心为最高，沿向包层徐徐降低。由于 SI 型光波在光纤中的反射前进过程中，产生各个光路径的时差，致使射出光波失真。其结果是传输带宽变窄，SI 型 MMF 应用较少。

在多模光纤中，芯的直径是 50 μm 和 62.5 μm 两种，大致与人的头发的粗细相当。而单模光纤芯的直径为 8～10 μm，常用的是 9/125 μm。芯外面包围着一层折射率比芯低的玻璃封套，俗称包层，包层使得光线保持在芯内。再外面的是一层薄的塑料外套，即涂覆层，用来保护包层。光纤通常被扎成束，外面有外壳保护。纤芯通常是由石英玻璃制成的横截面积很小的双层同心圆柱体，它质地脆，易断裂，因此需要外加保护层。

3. 光纤的应用

1）通信应用

多模光导纤维做成的光缆可用于通信，它的传导性能良好，传输信息容量大，一条通路可同时容纳数十人通话。可以同时传送数十套电视节目，供自由选看。

利用光导纤维进行的通信叫光纤通信。一对金属电话线至多只能同时传送一千多路电话，而根据理论计算，一对细如蛛丝的光导纤维可以同时通一百亿路电话！铺设1000 公里的同轴电缆大约需要 500 吨铜，改用光纤通信只需几公斤石英就可以了。并且沙石中就含有石英，几乎是取之不尽的。

2）传感器应用

光导纤维可以把阳光送到各个角落，还可以进行机械加工。计算机、机器人、汽车配电盘等也已成功地用光导纤维传输光源或图像。光导纤维如与敏感元件组合或利用本身的特性，则可以做成各种传感器，测量压力、流量、温度、位移、光泽和颜色等。在能量传输和信息传输方面也获得广泛的应用。

任务二　计算机技术基础

知识单元一　操作系统基础知识

一、Windows 系统

Microsoft Windows 操作系统是美国微软公司研发的一套操作系统，它问世于 1985 年，起初仅仅是 Microsoft – DOS 模拟环境，后续的系统版本由于微软不断地更新升级，不但易用，也成为当前应用最广泛的操作系统。

Windows 采用了图形化模式 GUI，比起从前的 DOS 需要输入指令使用的方式更为人性化。随着计算机硬件和软件的不断升级，微软的 Windows 也在不断升级，从架构的 16 位、32 位再到 64 位，系统版本从最初的 Windows 1.0 发展到大家熟知的 Windows 95、Windows 98、Windows 2000、Windows XP、Windows Vista、Windows 7、Windows 8、Windows 8.1、Windows 10 和 Windows Server 服务器企业级操作系统。

1. Windows 操作系统的人机操作性优异

操作系统是人使用计算机硬件沟通的平台，没有良好的人机操作性，就难以吸引广大用户使用。Windows 操作系统能够作为个人计算机的主流操作系统，其优异的人机操作性是重要因素。Windows 操作系统界面友好，窗口制作优美，操作动作易学，多代系统之间有良好的传承，计算机资源管理效率较高，效果较好。

2. Windows 操作系统支持的应用软件较多

Windows 操作系统由开发操作系统的微软公司控制接口和设计，公开标准，因此，有大量商业公司在该操作系统上开发商业软件。Windows 操作系统的大量应用软件为客户提供了方便。这些应用软件门类全，功能完善，用户体验性好。譬如，Windows 操作系统有大量的多媒体应用软件，搜集管理多媒体资源，客户只需要使用这些基于系统开发出来的商业软件就可以享受多媒体带来的快乐。

3. Windows 操作系统对硬件支持良好

硬件的良好适应性是 Windows 操作系统的重要特点。Windows 操作系统支持多种硬件平台，为硬件生产厂商提供了宽泛、自由的开发环境，激励了这些硬件公司选择与 Windows 操作系统相匹配，也激励了 Windows 操作系统不断完善和改进。同时，硬件技术的提升，也为操作系统功能拓展提供了支撑。另外，该操作系统支持多种硬件的热插拔，方便了用户的使用，也受到了广大用户的欢迎。

二、Linux 系统

1. 概述

Linux，全称 GNU/Linux，是一套免费使用和自由传播的类 Unix 操作系统，是一个基于 POSIX 和 Unix 的多用户、多任务、支持多线程和多中央处理器(central processing unit，CPU)的操作系统。伴随着互联网的发展，Linux 得到了来自全世界软件爱好者、组织、公司的支持。它除了在服务器方面保持着强劲的发展势头以外，在个人电脑、嵌入式系统上都有着长足的进步。使用者不仅可以直观地获取该操作系统的实现机制，而且可以根据自身的需要来修改、完善 Linux，使其最大化地适应用户的需要。

Linux 不仅系统性能稳定，而且是开源软件。其核心防火墙组件性能高效、配置简单，保证了系统的安全。在很多企业网络中，为了追求速度和安全，Linux 不仅仅是被网络运维人员当作服务器使用，甚至还被当作网络防火墙，这是 Linux 的一大亮点。

Linux 具有开放源码、没有版权、技术社区用户多等特点，开放源码使得用户可以自由裁剪、灵活性高、功能强大、成本低。系统中内嵌网络协议栈，经过适当的配置就可实现路由器的功能。这些特点使得 Linux 成为开发路由交换设备的理想开发平台。

2. 主要特性

1) 基本思想

Linux 的基本思想有两点：第一，一切都是文件；第二，每个文件都有确定的用途。其中第一条详细来讲就是系统中的所有都归结为一个文件，包括命令、硬件和软件设备、操作系统、进程等对于操作系统内核而言，都被视为拥有各自特性或类型的文件。至于说 Linux 是基于 Unix 的，很大程度上也是因为这两者的基本思想十分相近。

2) 完全免费

Linux 是一款免费的操作系统，用户可以通过网络或其他途径免费获得，并可以任意修改其源代码。

3) 完全兼容 POSIX 1.0 标准

这使得可以在 Linux 下通过相应的模拟器运行常见的 DOS、Windows 的程序。这为用户从 Windows 转到 Linux 奠定了基础。

4) 多用户、多任务

Linux 支持多用户，各个用户对于自己的文件设备有自己特殊的权利，保证了各用户之间互不影响。多任务则是现代电脑最主要的一个特点，Linux 可以使多个程序同时并独立地运行。

5) 良好的界面

Linux 同时具有字符界面和图形界面。在字符界面用户可以通过键盘输入相应的指令来进行操作。它同时也提供了类似 Windows 图形界面的 X-Window 系统，用户可以使用鼠标对其进行操作。

6）支持多种平台

Linux 可以运行在多种硬件平台上，如具有 x 86、680 x 0、SPARC、Alpha 等处理器的平台。此外 Linux 还是一种嵌入式操作系统，可以运行在掌上电脑、机顶盒或游戏机上。2001 年 1 月份发布的 Linux 2.4 版内核已经能够完全支持 Intel 64 位芯片架构。同时 Linux 也支持多处理器技术。多个处理器同时工作，使系统性能大大提高。

知识单元二　计算机网络基础知识

一、计算机网络概述

1. 计算机网络的定义

计算机网络是指将地理位置不同的具有独立功能的多台计算机及其外部设备，通过通信线路连接起来，在网络操作系统，网络管理软件及网络通信协议的管理和协调下，实现资源共享和信息传递的计算机系统。简单来说，计算机网络就是由通信线路互相连接的许多自主工作的计算机构成的集合体。

2. 计算机网络的功能

1）数据通信

数据通信是计算机网络的最主要的功能之一。数据通信是依照一定的通信协议，利用数据传输技术在两个终端之间传递数据信息的一种通信方式和通信业务。它可实现计算机和计算机、计算机和终端以及终端与终端之间的数据信息传递。数据通信中传递的信息均为二进制数据形式。数据通信总是与远程信息处理相联系，是包括科学计算、过程控制、信息检索等内容的广义的信息处理。

2）资源共享

资源共享是人们建立计算机网络的主要目的之一。计算机资源包括硬件资源、软件资源和数据资源。硬件资源的共享可以提高设备的利用率，避免设备的重复投资，如利用计算机网络建立网络打印机。软件资源和数据资源的共享可以充分利用已有的信息资源，减少软件开发过程中的劳动，避免大型数据库的重复建设。

3）集中管理

计算机网络技术的发展和应用，已使得现代的办公手段、经营管理等发生了变化。目前，已经有了许多管理信息系统、办公自动化系统等，通过这些系统可以实现日常工作的集中管理，提高工作效率，增加经济效益。

4）实现分布式处理

网络技术的发展，使得分布式计算成为可能。对于大型的课题，可以分为许许多多小题目，由不同的计算机分别完成，然后再集中起来，解决问题。

5）负荷均衡

负荷均衡是指工作被均匀地分配给网络上的各台计算机系统。网络控制中心负责分配和检测，当某台计算机负荷过重时，系统会自动转移负荷到较轻的计算机系统去处理。

由此可见，计算机网络可以大大扩展计算机系统的功能，扩大其应用范围，提高可靠性，为用户提供方便，同时也减少了费用，提高了性能价格比。

3. 分类

计算机网络的分类标准有很多，但普遍认可的是按照地理范围划分，可分为局域网、城域网、广域网和互联网四种。

1）局域网

所谓局域网(local area network，LAN)，就是在局部地区范围内的网络，覆盖范围较小，是我们最常见、应用最广的一种网络。网络涉及的距离一般是几米至一万米以内，在计算机数量配置上没有太多的限制。局域网一般位于一个建筑物或一个单位内，不存在寻径问题，不包括网络层的应用。特点：连接范围窄、用户数少、配置容易、连接速率高。电气与电子工程师协会的802委员会定义了多种主要的LAN：以太网、令牌环网光纤分布式接口网络、异步传输模式网以及最新的无线局域网。

2）城域网

城域网一般是在一个城市，连接距离可以在10～100公里，但不在同一地理小区范围内的计算机互联。城域网比LAN扩展的距离更远，连接的计算机更多。在大型城市，一个城域网网络通常连接多个LAN。

3）广域网

也叫远程网，覆盖范围比城域网更广，一般是在不同城市之间的LAN或城域网络互联，地理范围可从几百公里到几千公里。

4）互联网

互联网(internet)又称因特网，从地理范围来说，它是全球计算机的互联，无论从地理范围，还是从网络规模来讲，它都是最大的一种网络，就是我们常说的"Web""WWW"和万维网等多种叫法。当计算机连在互联网上，计算机就是互联网的一部分，一旦断开连接，计算机就不属于互联网了。优点是信息量大，传播广。

二、计算机网络组成

计算机网络是由两个或多个计算机通过特定通信模式连接起来的一组计算机，完整的计算机网络系统是由网络硬件系统和网络软件系统组成的。

1. 网络硬件

计算机网络一般由以下硬件组成。

1）网络服务器

服务器用于网络管理，运行应用程序，处理各网络工作站成员的信息请示等。

2）网络工作站

工作站是网络上由服务器进行管理和提供服务的计算机。

3）网络适配器

又称网络接口卡或网卡。网络适配器用于将计算机与网络相连。网络接口卡是一种连接设备。它们能够使工作站、服务器、打印机或其他节点通过网络介质接收并发送数据。网络接口卡常被称为网络适配器。因为它们只传输信号而不分析高层数据，属于开放式系统互联通信参考模型的物理层。

4）传输介质

传输介质用于网络之间的通信连接，是网络中传输信息的载体，可将信号从一方传输到另一方。信息可以通过两种方式传输，即模拟或数字。模拟信号是一种连续波，传输信息可变且不精确。数字信号基于电或光脉冲通过二进制形式传输信息，越来越广泛地被采用。其传输介质通常有同轴电缆、双绞线、光缆、无线传输介质等。

5）网间连接设备

网间连接设备用于扩展网络的规模，常用的设备如下。

(1) 中继器。中继器常用于两个网络节点之间物理信号的双向转发工作，是最简单的网络互联设备，主要完成物理层的功能，负责在两个节点的物理层上按位传递信息，完成信号的复制、调整和放大功能，以此来延长网络的长度。

(2) 集线器。集线器的英文为 Hub，Hub 是"中心"的意思，集线器的主要功能是对接收到的信号进行再生整形放大，以扩大网络的传输距离同时把所有节点集中在以它为中心的节点上。集线器也是一种物理层设备，与网卡、网线等一样属于局域网中的基础设备。

(3) 交换机。交换，是按照通信两端传输信息的需要，用人工或设备自动完成的方法把要传输的信息送到符合要求的相应路由上的技术统称。交换机就是一种在通信系统中完成信息交换功能的设备。交换机除了能够连接同种类型的网络之外，还可以在不同类型的网络之间起到互联作用。如今许多交换机都能够提供支持快速以太网或 FDDI 等的高速连接端口，用于连接网络中的其他交换机或者为带宽占用量大的关键服务器提供附加带宽。一般来说，交换机的每个端口都用来连接一个独立的网段，但是有时为了提供更快的接入速度，可以把一些重要的网络计算机直接连接到交换机的端口上。这样，网络的关键服务器和客户机就拥有更快的接入速度，支持更大的信息流量。

(4) 路由器。路由，是指把数据从一个地方传送到另一个地方的行为和动作，而路由器，正是在网络中执行这种行为和动作的机器，它的英文名称为 Router。路由器是一种连接多个网络或网段的网络设备，决定网络通信能够通过的最佳路径。路由器依

城市轨道交通门禁系统

据网络层信息将数据包从一个网络转发到另一个网络,是一种连接多个网络或网段的网络设备,它能将不同网络或网段之间的数据信息进行"翻译"以使它们能够相互"读"懂对方的数据,从而构成一个更大的网络。

2. 网络软件

1)网络操作系统

网络操作系统是向网络计算机提供服务的特殊的操作系统,它在计算机系统下工作,为计算机操作系统增加了网络操作所需要的能力,是向网络计算机提供服务的特殊的操作系统。借由网络达到互相传递数据与各种消息,分为服务器(server)及客户端(client)。而服务器的主要功能是管理服务器和网络上的各种资源和网络设备的共用,加以统合并控管流量,避免有瘫痪的可能性,而客户端就是有着能接收服务器所传递的数据来运用的功能,好让客户端可以清楚地搜索所需的资源。

2)网络协议

网络协议是网络设备之间进行互相通信的语言和规范。

3)应用服务软件

应用服务软件用于应用和获取网络上的共享资源。是用户使用各种程序设计语言编制的应用程序的集合,分为应用软件包和用户程序。

三、网络参考模型

1. 开放式系统互联参考模型

开放式系统互联(open system interconnect,OSI)参考模型,是由国际标准化组织(international organization for standardization,ISO)在20世纪80年代初提出来的。ISO自从1946年成立以来,已经提出了多个标准,而ISO/IEC 7498这个关于网络体系结构的标准,定义了网络互联的基本参考模型。当时,网络界出现了以IBM的SNA为代表的若干个网络体系结构,这些体系结构的着眼点往往是各公司内部的网络连接,没有统一的标准,因而它们之间很难互联起来。在这种情况下,ISO提出了OSI参考模型,它最大的特点是开放性。不同厂家的网络产品,只要遵照这个参考模型,就可以实现互联、互操作和可移植性。也就是说,任何遵循OSI标准的系统,只要物理上连接起来,它们之间都可以互相通信。

OSI参考模型定义了开放系统的层次结构和各层所提供的服务。OSI参考模型的一个成功之处在于,它清晰地分开了服务、接口和协议这3个容易混淆的概念。服务描述了每一层的功能,接口定义了某层提供的服务如何被高层访问,而协议是每一层功能的实现方法。通过区分这些抽象概念,OSI参考模型将功能定义与实现细节区分开来,概括性高,使它具有普遍的适应能力。

开放系统互联参考模型的特点:

(1)网络中所有节点都划分为相同的层次结构,每个相同的层次都有相同的功能。
(2)同一节点内各相邻层次间可通过接口协议进行通信。
(3)相邻的两层之间,下层为上层提供服务,上层使用下层提供的服务。
(4)不同节点的同等层按照协议实现同等层之间的通信。

OSI 从逻辑上,把一个网络系统分为功能上相对独立的 7 个有序的子系统。这样 OSI 体系结构就由功能上相对独立的 7 个层次组成,它们由低到高分别是物理层、数据链路层、网络层、传输层、会话层、表示层和应用层,如图 2-2-1 所示。

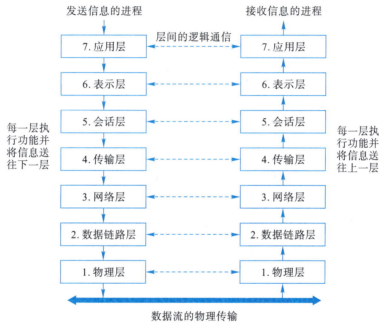

图 2-2-1 OSI 七层模型

1)物理层

物理层(physical layer)是 OSI 参考模型的最低层,它利用传输介质为数据链路层提供物理连接。它主要关心的是通过物理链路从一个节点向另一个节点传送比特流,物理链路可能是铜线、卫星、微波或其他的通信媒介。物理层的任务就是为上层提供一个物理的连接,以及该物理连接表现出来的机械、电气、功能和过程特性,实现透明的比特流传输。在这一层,数据还没有组织,仅作为原始的比特流提交给上层数据链路层。

2)数据链路层

数据链路层(data link layer)是为网络层提供服务的,解决两个相邻结点之间的通信问题,传送的数据单元称为数据帧。数据链路层负责在 2 个相邻的结点之间的链路上实现无差错的数据帧传输,每一帧包括一定的数据和必要的控制信息,在接收方接收到数据出错时要通知发送方重发,直到这一帧无差错地到达接收结点,数据链路层就是把一条有可能出错的实际链路变成让网络层看起来像不会出错的数据链路。实现的主要功能:帧的同步、差错控制、流量控制、寻址、帧内定界、透明比特组合传输等。检测差错一般采用循环冗余校验,纠正差错采用计时器恢复和自动请求重发等技术。其典型的协议有 OSI 标准协议集中的高级数据链路控制协议(high-level data link control,HDLC)。

3)网络层

网络层(network layer)是为传输层提供服务的,传送的协议数据单元称为数据包或分组。网络层规定了网络连接的建立、维持和拆除的协议。它的主要功能是利用数据链路层所提供的相邻节点间的无差错数据传输功能,通过路由选择和中继功能,为要传输的分组选择一条合适的路径,使发送分组能够正确无误地按照给定的目的地址找到目的主机,交付给目的主机的传输层,实现两个系统之间的连接。在计算机网络系统中,网络层还具有多路复用的功能。

4)传输层

传输层(transport layer)的作用是为上层协议提供端到端的可靠和透明的数据传输服务,包括处理差错控制和流量控制等问题,传输层传送的协议数据单元称为段或报文。传输层的主要任务是通过通信子网的特性,最佳地利用网络资源,并以可靠与经济的方式为两个端系统的会话层之间建立一条连接通道,以透明地传输报文。传输层完成开放系统之间的数据传送控制,主要功能是开放系统之间的数据的收发确认,同时还用于弥补各种通信网络的质量差异,对经过下三层之后仍然存在的传输差错进行恢复,进一步提高可靠性。传输层只存在端系统中,传输层以上各层就不再考虑信息传输的问题了。另外,还通过复用、分段和组合、连接和分离、分流和合流等技术措施,提高吞吐量和服务质量。

5)会话层

会话层(session layer)主要功能是管理和协调不同主机上各种进程之间的通信(对话),即负责建立、管理和终止应用程序之间的会话。在会话层以及以上各层中,数据的传输都以报文为单位,会话层不参与具体的传输,它提供包括访问验证和会话管理在内的建立以及维护应用之间的通信机制。会话层主要功能是按照在应用进程之间的约定,按照正确的顺序收发数据,进行各种形式的对话。控制方式可以归纳为以下两类:一是为了在会话应用中易于实现接受处理和发送处理的逐次交替变换,设置某一时刻只有一端发送数据。因此需要有交替改变发信端的传送控制。二是在类似文件传送等单方向传送大量数据的情况下,为了防备应用处理中出现意外,在传送数据的过程中需要给数据记上标记。当出现意外时,可以由标记处重发。例如可以将长文件分页发送,当收到上页的接受确认后,再发下页的内容。

6）表示层

表示层（presentation layer）处理流经结点的数据编码的表示方式问题，以保证一个系统应用层发出的信息可被另一系统的应用层读出。表示层的主要功能是把应用层提供的信息变换为能够共同理解的形式，提供字符代码、数据格式、控制信息格式、加密等的统一表示。表示层仅对应用层信息内容的形式进行变换，而不改变其内容本身。这一层主要解决用户信息的语法表示问题，它将要交换的数据从适合某一用户的抽象语法，转换为适合 OSI 内部表示使用的传送语法，即提供格式化的表示和转换数据服务。

7）应用层

应用层（application layer）是 OSI 参考模型的最高层，是用户与网络的接口。应用层确定进程之间通信的性质以满足用户的需求，以及提供网络与用户软件之间的接口服务。该层通过应用程序来完成网络用户的应用需求，如文件传输、收发电子邮件等。

2. TCP/IP 参考模型

另一种参考模型是 TCP/IP 参考模型，它是计算机网络的"祖父"阿帕网（advanced research project agency network，ARPANET）和后来的因特网使用的参考模型。20 世纪 70 年代初期，美国国防部高级研究计划局为了实现异种网之间的互联与互通，大力资助网络技术的研究开发工作。ARPANET 开始使用的是一种称为网络控制协议（network control protocol，NCP）的协议，1973 年引进了传输控制协议（transmission control protocol，TCP），在 1981 年引入了网际协议（internet protocol，IP）。1982 年 TCP 和 IP 被标准化成为 TCP/IP 协议组，1983 年取代了 ARPANET 上的 NCP，并最终形成较为完善的 TCP/IP 体系结构。

TCP/IP 参考模型共有 4 个层次，它们分别是网络接口层、网络层、传输层和应用层。TCP/IP 层次结构与 OSI 层次结构的对照关系，如图 2-2-2 所示。

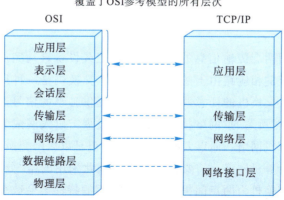

图 2-2-2 TCP/IP 参考模型

TCP/IP 模型的最底层是网络接口层，也被称为网络访问层，它包括了可使用 TCP/IP 与物理网络进行通信的协议，对应着 OSI 的物理层和数据链路层。TCP/IP 标准并没有定义具体的网络接口协议，而是旨在提供灵活性，以适应各种网络类型，如 LAN、MAN 和 WAN。这也说明，TCP/IP 协议可以运行在任何网络上。网络层所执行的主要功能是处理来自传输层的分组，将分组形成数据包（IP 数据包），并为该数据包在不同的网络之间进行路径选择，最终将数据包从源主机发送到目的主机。在网络层中，最常用的协议是网际协议 IP，其他一些协议用来协助 IP 的操作。传输层也被称为主机至主机层，与 OSI 的传输层类似，它主要负责主机到主机之间的端对端可靠通信，该层使用了两种协议来支持两种数据的传送方法，它们是 TCP 协议和用户数据报协议（user datagram protocol，UDP）。应用层在 TCP/IP 模型中是最高层，它与 OSI 模型中高三层的任务相同，都是用于提供网络服务，如文件传输、远程登录、域名服务和简单网络管理等。

3. 数据的封装和拆封

为了实现对等层通信，在数据需要通过网络从一个节点传送到另一节点前，必须在数据的头部（和尾部）加入特定的协议头（和协议尾）。这种增加数据头部（和尾部）的过程叫作数据封装。同样，在数据到达接收节点的对等层后，接收方将识别、提取和处理发送方对等层增加的数据头部（和尾部）。接收方这种将增加的数据头部（和尾部）去除的过程叫作数据拆封。数据拆封，就是封装的逆过程，可使目的计算机得到还原的数据。

计算机向网络发送数据的过程，就是一个数据封装的过程，接收数据的过程就是一个数据拆封的过程。参考模型的下四层总称数据流层，用来管理硬件。数据每进入下一层，都被加上个报头，最后通过物理层将数据帧转换为高低电平发送至接收方。接收方首先将从物理层得到的数据转换成数据帧，再从下层向上层逐次去掉相应报头，最后得到还原的数据。于是，通过数据的封装、传递、数据拆封，就完成了一次数据通信过程。

四、以太网交换机

1. 概述

交换是按照通信两端传输信息的需要，用人工或设备自动完成的方法，把要传输的信息送到符合要求的相应路由上的技术的统称。交换机是一种用于信号转发的网络设备，它可以为接入交换机的任意两个网络节点提供独享的信号通路。随着计算机及其互联技术（也即通常所谓的"网络技术"）的迅速发展，以太网成为迄今为止普及率最高的短距离二层计算机网络，而以太网的核心部件就是以太网交换机。

以太网是一种计算机网络，需要传输数据，因此采用的是"分组交换"。但无论采取哪种交换方式，交换机为两点间提供"独享通路"的特性不会改变。交换机能同时连通许多对端口，每一端口都可视为独立的物理网段，连接在其上的网络设备独自享有全部的带宽，无须同其他设备竞争使用，进行无冲突的传输数据。当节点 A 向节点 D

发送数据时，节点 B 可同时向节点 C 发送数据，而且这两个传输都享有网络的全部带宽，都有着自己的虚拟连接。

就以太网设备而言，交换机和集线器的本质区别就在于：当 A 发信息给 B 时，如果通过集线器，则接入集线器的所有网络节点都会收到这条信息（也就是以广播形式发送），只是网卡在硬件层面就会过滤掉不是发给本机的信息；而如果通过交换机，除非 A 通知交换机广播，否则发给 B 的信息 C 绝不会收到。

以太网交换机是基于以太网传输数据的交换机。以太网交换机通常都有几个到几十个端口，每个端口都直接与主机相连，实质上就是一个多端口的网桥。另外，它的端口速率可以不同，工作方式也可以不同，如可以提供 10 M、100 M 的带宽、提供半双工、全双工、自适应的工作方式等，一般都以全双工方式工作。

交换机是一种基于介质访问控制（media access control，MAC）地址识别，能完成封装转发数据帧功能的网络设备，具有学习、转发/过滤、消除回路三个功能。以太网交换机了解每一端口相连设备的 MAC 地址，并将地址同相应的端口映射起来存放在交换机缓存中的 MAC 地址表中，交换机具有动态学习源 MAC 地址的功能，并且交换机的一个接口可以对应多个 MAC 地址，但是一个 MAC 地址只能对应一个接口。当一个数据帧的目的地址在 MAC 地址表中有映射时，它被转发到连接目的节点的端口而不是所有端口（如该数据帧为广播/组播帧则转发至所有端口），通过在数据帧的始发者和目标接收者之间建立临时的交换路径，使数据帧直接由源地址到达目的地址。当交换机包括一个冗余回路时，以太网交换机通过生成树协议避免回路的产生，同时允许存在后备路径。

因为交换机有带宽很高的内部交换矩阵和背部总线，并且这个背部总线上挂接了所有的端口，通过内部交换矩阵，就能够把数据包直接而迅速地传送到目的节点而非所有节点，这样就不会浪费网络资源，从而产生非常高的效率。交换机的每一个端口所连接的网段都是一个独立的冲突域，交换机分割冲突域。交换机所连接的设备仍然在同一个广播域内，也就是说，交换机不隔绝广播。使用交换机也可以把网络"分段"，通过对照 IP 地址表，交换机只允许必要的网络流量通过交换机。通过交换机的过滤和转发，可以有效地减少冲突域。

以太网交换机应用领域非常广泛，在大大小小的局域网都可以见到它们的踪影。以太网交换机厂商根据市场需求，推出了三层甚至四层交换机。但无论如何，其核心功能仍是二层的以太网数据包交换，只是带有了一定的处理 IP 层甚至更高层数据包的能力。

2. 交换机工作原理

以太网交换机的工作过程可以概括为"学习、记忆、接收、查表、转发"等几个方面：通过"学习"可以了解到每个端口上所连接设备的 MAC 地址；将 MAC 地址与端口编号的对应关系"记忆"在内存中，生成 MAC 地址表；从一个端口"接收"到数据帧后，在 MAC 地址表中"查找"与帧头中目的 MAC 地址相对应的端口编号，然后，将数据帧从查到的端口上"转发"出去。

当交换机收到数据时，会检查目的 MAC 地址，然后把数据从目的主机所在的接口转发出去。交换机之所以能实现这一功能，是因为交换机内部有一个 MAC 地址表，MAC 地址表记录了网络中所有 MAC 地址与该交换机各端口的对应信息。某一数据帧需要转发时，交换机根据该数据帧的目的 MAC 地址来查找 MAC 地址表，从而得到该地址对应的端口，即知道具有该 MAC 地址的设备是连接在交换机的哪个端口上，然后交换机把数据帧从该端口转发出去。

交换机通过以下三种方式进行交换：

(1) 直通式。直通方式的以太网交换机可以理解为在各端口间是纵横交叉的线路矩阵电话交换机。它在输入端口检测到一个数据包时，检查该包的包头，获取包的目的地址，启动内部的动态查找表转换成相应的输出端口，在输入与输出交叉处接通，把数据包直通到相应的端口，实现交换功能。由于不需要存储，延迟非常小、交换非常快，这是它的优点。它的缺点是，因为数据包内容并没有被以太网交换机保存下来，所以无法检查所传送的数据包是否有误，不能提供错误检测能力。由于没有缓存，不能将具有不同速率的输入/输出端口直接接通，而且容易丢包。

(2) 存储转发。存储转发方式是计算机网络领域应用最为广泛的方式。它把输入口的数据包先存储起来，然后进行循环冗余码校验检查，在对错误包处理后才取出数据包的目的地址，通过查找表转换成输出端口送出包。正因如此，存储转发方式在数据处理时延时大，这是它的不足，但是它可以对进入交换机的数据包进行错误检测，有效地改善网络性能。尤其重要的是它可以支持不同速度的端口间的转换，保持高速端口与低速端口间的协同工作。

(3) 碎片隔离。这是介于前两者之间的一种解决方案。它检查数据包的长度是否够 64 字节，如果小于 64 字节，说明是假包，则丢弃该包；如果大于 64 字节，则发送该包。这种方式也不提供数据校验。它的数据处理速度比存储转发方式快，但比直通式慢。

3. 交换技术

1) 二层交换

二层交换机用于小型的局域网络，在小型局域网中，广播包影响不大，二层交换机的快速交换功能、多个接入端口和低廉价格为小型网络用户提供了很完善的解决方案。

二层交换技术的发展比较成熟，是工作在 OSI 七层网络模型中的第二层，即数据链路层。二层交换机可以识别数据包中的 MAC 地址信息，根据 MAC 地址进行转发，并将这些 MAC 地址与对应的端口记录在自己内部的一个地址表中。二层交换机按照所接收到数据包的目的 MAC 地址来进行转发，对于网络层或者高层协议来说是透明的。它不处理网络层的 IP 地址，不处理高层协议的诸如 TCP、UDP 的端口地址，它只需要数据包的物理地址即 MAC 地址，数据交换是靠硬件来实现的，其速度相当快。

具体的工作流程如下：

(1)当交换机从某个端口收到一个数据包，它先读取包头中的源 MAC 地址，这样它就知道源 MAC 地址的机器是连在哪个端口上的。

(2)再去读取包头中的目的 MAC 地址，并在地址表中查找相应的端口。

(3)如表中有与这目的 MAC 地址对应的端口，把数据包直接复制到这端口上。

(4)如表中找不到相应的端口则把数据包广播到其他所有端口上。此时局域网的所有主机都会收到此数据帧，但是只有目的机器收到此数据帧时会响应这个广播，并回应一个数据帧。当目的机器对源机器回应时，交换机又可以记录这一目的 MAC 地址与哪个端口对应，在下次传送数据时就不再需要对所有端口进行广播了。

交换机具有动态学习源 MAC 地址的功能，不断地循环以上过程，对于全网的 MAC 地址信息都可以学习到，二层交换机就是这样建立和维护它自己的地址表。为了保证 MAC 地址表中的信息能够实时地反映网络情况，每个学习到的记录都有一个老化时间，如果在老化时间内收到地址信息则刷新纪录，对没有收到相应的地址信息的则删除该记录(例如计算机 A 停止了和交换机通信，达到老化时间后，交换机会将其对应的记录从 MAC 地址表中删除)。也可以手工添加交换机的 MAC 地址表的静态记录，手工配置的静态记录没有老化时间的限制。由于 MAC 地址表中对于同一个 MAC 地址只能有一条记录，所以如果手工配置了 MAC 地址和端口号对应关系后，交换机就不再动态学习这台计算机的 MAC 地址了。

从二层交换机的工作原理可以知道以下三点：

(1)由于交换机对多数端口的数据进行同时交换，这就要求具有很宽的交换总线带宽，如果二层交换机有 N 个端口，每个端口的带宽是 M，交换机总线带宽超过 $N \times M$，那么这交换机就可以实现线速交换。

(2)学习端口连接的机器的 MAC 地址，并写入地址表。地址表的大小(一般两种表示方式：一为 BEFFER RAM，一为 MAC 表项数值)会影响交换机的接入容量。

(3)二层交换机一般都含有专门用于处理数据包转发的专用集成电路(application specific integrated circuit，ASIC)芯片，因此转发速度可以做到非常快。不同厂家采用 ASIC 不同，其产品性能也会不同。

2)三层交换

二层交换机不能处理不同 IP 网段之间的数据交换，传统的路由器可以处理大量的跨越 IP 网段的数据包，但是它的转发效率比二层低。要想利用二层转发效率高这一优点，又要处理三层 IP 数据包，则需要三层交换技术。

三层交换工作在 OSI 七层网络模型中的第三层，即网络层。三层交换是在网络交换机中引入路由模块而取代传统路由器实现交换与路由相结合的网络技术，是在网络模型中的第三层实现了数据包的高速转发。在使用二层交换机和路由器的组网中，每个需要与其他 IP 网段通信的 IP 网段都需要使用一个路由器接口作为网关，而三层交换中的路由模块就相当于传统组网中的路由器。

三层交换技术没有采用路由器的最长地址掩码匹配的方法，而是使用了精确地址匹配的方法处理，这样有利于硬件的快速查找。它采用了使用高速缓存的方法，经常使用的主机路由放到了硬件查找表中，只有在这个高速缓存中无法匹配的项目才会通过软件去转发。三层交换在存储转发过程中使用了流交换方式，在流交换中，分析第一个报文确定其是否表示了一个流或者一组具有相同源地址和目的地址的报文。如果第一个报文具有了正确的特征，则该标识流中的后续报文将拥有相同的优先权，同一流中的后续报文被交换到基于第二层的目的地址上。

具有同一标记的业务流的后续报文被交换到第二层数据链路层，从而打通源 IP 地址和目的 IP 地址之间的一条通路。有了这条通路，三层交换机就没有必要每次将接收到的数据包进行拆包来判断路由，而是直接将数据包进行转发，将数据流进行交换。

三层交换在 IP 路由的处理上进行了改进，实现了简化的 IP 转发流程，利用专用的 ASIC 芯片实现硬件的转发，这样绝大多数的报文处理都可以在硬件中实现了，只有极少数报文才需要使用软件转发，整个系统的转发性能能够得以成千倍地增加，相同性能的设备在成本上也得到大幅度下降。三层路由模块直接叠加在二层交换的高速背板总线上，由硬件结合实现数据的高速转发，突破了传统路由器的接口速率限制，速率可达几十 Gbit/s。

三层交换机是为 IP 设计的，接口类型简单，拥有很强的二层包处理能力，所以适用于大型局域网，它解决了局域网中网段划分之后，网段中子网必须依赖路由器进行管理的局面，解决了传统路由器低速、复杂所造成的网络瓶颈问题。

下面先来通过一个简单的网络来看看三层交换机的工作过程。

比如 A 要给 B 发送数据，已知目的 IP，那么 A 就用子网掩码取得网络地址，判断目的 IP 是否与自己在同一网段。如果在同一网段，但不知道转发数据所需的 MAC 地址，A 就发送一个地址解析协议（address resolution protocol，ARP）请求，B 返回其 MAC 地址，A 用此 MAC 封装数据包并发送给交换机，交换机起用二层交换模块，查找 MAC 地址表，将数据包转发到相应的端口。

如果目的 IP 地址显示不是同一网段的，那么 A 要实现和 B 的通信，在流缓存条目中没有对应 MAC 地址条目，就将第一个正常数据包发送向一个缺省网关，这个缺省网关一般在操作系统中已经设好，这个缺省网关的 IP 对应第三层路由模块，所以对于不是同一子网的数据，最先在 MAC 表中放的是缺省网关的 MAC 地址（由源主机 A 完成）；然后就由三层模块接收到此数据包，查询路由表以确定到达 B 的路由，将构造一个新的帧头，其中以缺省网关的 MAC 地址为源 MAC 地址，以主机 B 的 MAC 地址为目的 MAC 地址。通过一定的识别触发机制，确立主机 A 与 B 的 MAC 地址及转发端口的对应关系，并记录进流缓存条目表，以后的 A 到 B 的数据（三层交换机要确认是由 A 到 B 而不是到 C 的数据，还要读取帧中的 IP 地址），就直接交由二层交换模块完成。这就是通常所说的一次路由多次转发。

任务三　通信技术基础

知识单元一　通信基础知识

一、通信的基本概念

通信的目的是传输信息，进行信息的时空转移。通信系统的作用就是将信息从信源发送到一个或多个目的地。实现通信的方式和手段有很多，如手势、语言、旌旗、烽火台和击鼓传令，以及现代社会的电报、电话、广播、电视、遥控、遥测、因特网和计算机通信等，这些都是消息传递的方式和信息交流的手段。在通信系统中，信息的传递是通过信号来实现的，首先要把信息转换成信号，经过发送设备，将信号送入信道，在接收端利用接收设备对接收信号做相应的处理后，再转换为原来的消息，这一过程可用通信系统模型来概括，如图 2-3-1 所示。

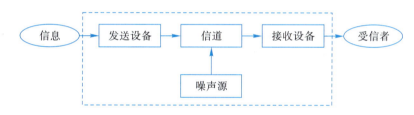

图 2-3-1　通信系统模型

通信就是把信息从一地有效地传递到另一地的全过程。通信中产生和发送信息的一端叫作信源，接收信息的一端叫作信宿，信源和信宿之间的通信线路称为信道。

二、通信系统的分类

通信系统可按所用的业务类型、传输媒介、传输信号、复用方式、传输系统调制等特征进行分类。

(1)按业务类型分类：电话系统、电报系统、数据系统、图像系统。
(2)按传输媒介分类：有线和无线通信系统。
(3)按传输信号分类：模拟通信系统和数字通信系统。
(4)按复用方式分类：频分复用、时分复用、码分复用。
(5)按传输系统调制分类：基带传输系统和频带传输系统。
(6)按数字信号码元排列方法分类：串行传输、并行传输。

模拟信号是随时间连续变化的信号，这种信号的某种参量(如幅度、相位、频率等)可以表示要传送的信息。数字信号只取有限个离散值，而且数字信号之间的转换几乎是瞬时的。数字信号以某一瞬间的状态表示它们传送的信息。如果信源产生的是模拟数据并以模拟信道传输则叫作模拟通信；如果信源发出的不是模拟数据而以数字信号的形式传输，那么这种通信方式叫作数字通信。

并行传输指字符编码的各位同时传输。并行传输的优点是传输速度快；缺点是通信成本高，并且只适用于近距离传输。串行传输是将字符的各位逐位地发送。串行传输的优点是通信成本低，传输距离较远；缺点是传输速度低。串行通信又分为同步传输和异步传输两种。

三、通信传送方式

按照信号数据流的方向，通信可分为三种基本的传送方式：单工通信、半双工通信、全双工通信。

单工通信：此方式下信道上的信息只能向一个方向传送。发送方不能接收，接收方也不能发送。例如，无线电广播和电视广播。

半双工通信：此方式下通信的双方可交替发送和接收信息，但不能同时发送和接收。在一段时间内，信道的全部带宽用于一个方向上传送信息。例如，对讲机通信。

全双工通信：此方式下可同时进行双向信息的传送，要求通信双方都有发送和接收设备。例如，电话通信。

通信方式模型如图 2-3-2 所示。

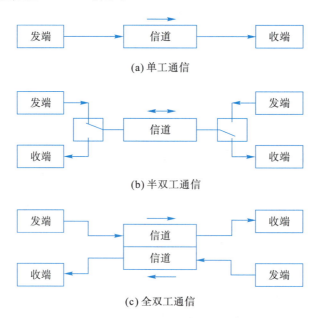

图 2-3-2 通信方式模型

知识单元二　常用通信协议

通信协议是指双方实体完成通信或服务所必须遵循的规则和约定。协议定义了数据单元使用的格式，信息单元应该包含的信息与含义、连接方式、信息发送和接收的时序，从而确保网络中数据顺利地传送到确定的地方。

通信协议主要由以下三个要素组成。

语法：即如何通信，包括数据的格式、编码和信号等级（电平的高低）等。

语义：即通信内容，包括数据内容、含义以及控制信息等。

定时规则（时序）：即何时通信，明确通信的顺序、速率匹配和排序。

一、TCP/IP 协议

1. TCP/IP 协议简介

TCP/IP 协议，即传输控制/网络协议，也称为网络通信协议。它是在网络的使用中的最基本的通信协议。TCP/IP 协议对互联网中各部分进行通信的标准和方法进行了规定。并且，TCP/IP 传输协议是保证网络数据信息及时、完整传输的两个重要的协议。TCP/IP 传输协议严格来说是一个四层的体系结构，应用层、传输层、网络层和数据链路层都包含其中。

TCP/IP 协议是 Internet 最基本的协议，其中应用层的主要协议有远程终端协议、文件传输协议（file transfer protocol，FTP）、简单邮件传输协议（simple mail transfer protocol，SMTP）等，用来接收来自传输层的数据或者按不同应用要求与方式将数据传输至传输层；传输层的主要协议有 UDP、TCP，是使用者使用平台和计算机信息网内部数据结合的通道，可以实现数据传输与数据共享；网络层的主要协议有因特网控制报文协议、IP、网际组管理协议，主要负责网络中数据包的传送等；网络访问层，也叫网络接口层或数据链路层，主要协议有 ARP、反向地址转换协议，主要功能是提供链路管理错误检测、对不同通信媒介有关信息细节问题进行有效处理等。

2. TCP/IP 协议的组成

TCP/IP 协议在一定程度上参考了 OSI 的体系结构。OSI 模型共有七层，从下到上分别是物理层、数据链路层、网络层、运输层、会话层、表示层和应用层。但是这显然是有些复杂的，所以在 TCP/IP 协议中，它们被简化为了四个层次。

(1) 应用层、表示层、会话层三个层次提供的服务相差不是很大，所以在 TCP/IP 协议中，它们被合并为应用层一个层次。

(2) 由于运输层和网络层在网络协议中的地位十分重要，所以在 TCP/IP 协议中它们被作为独立的两个层次。

(3) 因为数据链路层和物理层的内容相差不多，所以在 TCP/IP 协议中它们被归并在网络接口层一个层次里。只有四层体系结构的 TCP/IP 协议，与有七层体系结构的 OSI 相比要简单了不少，TCP/IP 协议在实际的应用中效率更高，成本更低。

(4)以下分别介绍 TCP/IP 协议中的四个层次。

①应用层：应用层是 TCP/IP 协议的第一层，是直接为应用进程提供服务的。

不同种类的应用程序会根据需要来使用应用层的不同协议：邮件传输应用使用了 SMTP，万维网应用使用了超文本传输协议(hyper text transfer protocol，HTTP)协议，远程登录服务应用使用了远程终端协议。

应用层还能加密、解密、格式化数据。

应用层可以建立或解除与其他节点的联系，这样可以充分节省网络资源。

②运输层：作为 TCP/IP 协议的第二层，运输层在整个 TCP/IP 协议中起到了重要作用。且在运输层中，TCP 和 UDP 也同样起到了重要作用。

③网络层：网络层在 TCP/IP 协议中位于第三层。在 TCP/IP 协议中网络层可以进行网络连接的建立和终止以及 IP 地址的寻找等功能。

④网络接口层：在 TCP/IP 协议中，网络接口层位于第四层。由于网络接口层兼并了物理层和数据链路层，所以网络接口层既是传输数据的物理媒介，也可以为网络层提供一条准确无误的线路。

3. TCP/IP 协议特点

TCP/IP 协议之所以能够迅速发展起来并成为事实上的标准，是因为它恰好适应了世界范围内数据通信的需要。它有以下特点：

①协议标准是完全开放的，可以供用户免费使用，并且独立于特定的计算机硬件与操作系统。

②独立于网络硬件系统，可以在广域网运行，更适合于互联网。

③网络地址统一分配，网络中每一设备和终端都具有一个唯一地址。

④高层协议标准化，可以提供多种多样可靠的网络服务。

4. 通信过程及相关协议

在网络通信的过程中，将发出数据的主机称为源主机，接收数据的主机称为目的主机。当源主机发出数据时，数据在源主机中从上层向下层传送。源主机中的应用进程先将数据交给应用层，应用层加上必要的控制信息就成了报文流，向下传给传输层。传输层将收到的数据单元加上本层的控制信息，形成报文段、数据报，再交给网际层。网际层加上本层的控制信息，形成 IP 数据报，传给网络接口层。网络接口层将网际层传下来的 IP 数据报组装成帧，并以比特流的形式传给网络硬件(即物理层)，数据就离开了源主机。

1)链路层

以太网协议规定，接入网络的设备都必须安装网络适配器，即网卡，数据包必须从一块网卡传送到另一块网卡。而网卡地址就是数据包的发送地址和接收地址,有了 MAC 地址以后,以太网采用广播形式,把数据包发给该子网内所有主机。子网内每台主机在接收到这个包以后,都会读取首部里的目标 MAC 地址,然后和自己的 MAC 地址进行对比,如果相同就做下一步处理,如果不同,就丢弃这个包。

所以链路层的主要工作就是对电信号进行分组并形成具有特定意义的数据帧,然后以广播的形式通过物理介质发送给接收方。

2)网络层

(1)网际互联协议。

网络层引入了网际互联协议(IP),制定了一套新地址,使得我们能够区分两台主机是否同属一个网络,这套地址就是网络地址,也就是所谓的 IP 地址。IP 将这个 32 位的地址分为两部分,前面部分代表网络地址,后面部分表示该主机在局域网中的地址。如果两个 IP 地址在同一个子网内,则网络地址一定相同。为了判断 IP 地址中的网络地址,IP 还引入了子网掩码,IP 地址和子网掩码通过按位与运算后就可以得到网络地址。

(2)地址解析协议。

地址解析协议(ARP),是根据 IP 地址获取 MAC 地址的一个网络层协议。其工作原理如下:ARP 首先会发起一个请求数据包,数据包的首部包含了目标主机的 IP 地址,然后这个数据包会在链路层进行再次包装,生成以太网数据包,最终由以太网广播给子网内的所有主机,每一台主机都会接收到这个数据包,并取出标头里的 IP 地址,然后和自己的 IP 地址进行比较,如果相同就返回自己的 MAC 地址,如果不同就丢弃该数据包。ARP 接收返回消息,以此确定目标机的 MAC 地址;与此同时,ARP 还会将返回的 MAC 地址与对应的 IP 地址存入本机 ARP 缓存中并保留一定时间,下次请求时直接查询 ARP 缓存以节约资源。

(3)路由协议。

首先通过 IP 协议来判断两台主机是否在同一个子网中,如果在同一个子网,就通过 ARP 协议查询对应的 MAC 地址,然后以广播的形式向该子网内的主机发送数据包;如果不在同一个子网,以太网会将该数据包转发给本子网的网关进行路由。网关是互联网上子网与子网之间的桥梁,所以网关会进行多次转发,最终将该数据包转发到目标 IP 所在的子网中,然后再通过 ARP 获取目标机 MAC 地址,最终也是通过广播形式将数据包发送给接收方。而完成这个路由协议的物理设备就是路由器,路由器扮演着交通枢纽的角色,它会根据信道情况,选择并设定路由,以最佳路径来转发数据包。

所以,网络层的主要工作是定义网络地址、区分网段、子网内 MAC 寻址、对于不同子网的数据包进行路由。

3)传输层

链路层定义了主机的身份,即 MAC 地址,而网络层定义了 IP 地址,明确了主机所在的网段。有了这两个地址，数据包就可以从一台主机发送到另一台主机。但实际上数据包是从一个主机的某个应用程序发出，然后由对方主机的应用程序接收。而每台电脑都有可能同时运行着很多个应用程序，所以当数据包被发送到主机以后，是无法确定哪个应用程序要接收这个包。为了给每个应用程序标识身份，传输层引入了UDP协议来解决这个问题。

（1）用户数据报协议。

用户数据报协议（UDP）定义了端口，同一个主机上的每个应用程序都需要指定唯一的端口号，并且规定网络中传输的数据包必须加上端口信息，当数据包到达主机以后，就可以根据端口号找到对应的应用程序了。UDP比较简单，容易实现，但它没有确认机制，数据包一旦发出，无法知道对方是否收到，因此可靠性较差，为了解决这个问题，提高网络可靠性，传输控制协议就诞生了。

（2）传输控制协议。

传输控制协议（transmission control protocol，TCP），是一种面向连接的、可靠的、基于字节流的通信协议。简单来说TCP就是有确认机制的UDP，每发出一个数据包都要求确认，如果有一个数据包丢失，就收不到确认，发送方就必须重发这个数据包。为了保证传输的可靠性，TCP在UDP基础之上建立了三次对话的确认机制，即在正式收发数据前，必须和对方建立可靠的连接。TCP数据包和UDP一样，都是由首部和数据两部分组成，唯一不同的是，TCP数据包没有长度限制，理论上可以无限长，但是为了保证网络的效率，通常TCP数据包的长度不会超过IP数据包的长度，以确保单个TCP数据包不必再分割。

传输层的主要工作是定义端口，标识应用程序身份，实现端口到端口的通信，TCP协议可以保证数据传输的可靠性。

4）应用层

理论上讲，有了以上三层协议的支持，数据已经可以从一个主机上的应用程序传输到另一台主机的应用程序了，但此时传过来的数据是字节流，不能很好地被程序识别，操作性差，因此，应用层定义了各种各样的协议来规范数据格式，常见的有HTTP，FTP，SMTP等，在请求标头中，分别定义了请求数据格式和响应数据格式，有了这个规范以后，当对方接收到请求以后就知道该用什么格式来解析，然后对请求进行处理，最后按照请求方要求的格式将数据返回，请求端接收到响应后，就按照规定的格式进行解读。

所以应用层的主要工作就是定义数据格式并按照对应的格式解读数据。

二、Modbus协议

Modbus是一种串行通信协议，是莫迪康（Modicon）公司（现在的施耐德电气有限公司）于1979年为使用可编程逻辑控制器（PLC）通信而发表。Modbus已经成为工业领域通信协议的业界标准，并且现在是工业电子设备之间常用的连接方式。Modbus 比其他通信协议使用更广泛的主要原因有①公开发表并且无版权要求；②易于部署和维护；③对供应商来说，修改移动本地的比特或字节没有很多限制。

Modbus 允许多个（大约 240 个）设备连接在同一个网络上进行通信。在数据采集与监视控制系统中，Modbus 通常用来连接监控计算机和远程终端控制系统（remote terminal unit，RTU）。

对于串行连接，存在两个变种，它们在数值数据和协议细节上略有不同。Modbus RTU 是一种紧凑的，采用二进制表示数据的方式，Modbus ASCII 是一种人类可读的，冗长的表示方式。这两个变种都使用串行通信方式。RTU 格式后续的命令/数据带有循环冗余校验的校验和，而美国信息交换标准代码（american standard code for information interchange，ASCII）格式采用纵向冗余校验的校验和。被配置为 RTU 变种的节点不会和设置为 ASCII 变种的节点通信，反之亦然。

城市轨道交通门禁系统

任务四　射频识别技术

无线射频识别即射频识别技术（radio frequency identification，RFID），是自动识别技术的一种，通过无线射频方式进行非接触双向数据通信，利用无线射频方式对记录媒体（电子标签或射频卡）进行读写，从而达到识别目标和数据交换的目的，其被认为是21世纪最具发展潜力的信息技术之一。

无线射频识别技术通过无线电波不接触快速信息交换和存储技术，通过无线通信结合数据访问技术，然后连接数据库系统，加以实现非接触式的双向通信，从而达到了识别的目的，用于数据交换，串联起一个极其复杂的系统。在识别系统中，通过电磁波实现电子标签的读写与通信。根据通信距离，可分为近场和远场，为此读/写设备和电子标签之间的数据交换方式也对应地被分为负载调制和反向散射调制。

知识单元一　工作原理

RFID技术的基本工作原理并不复杂：标签进入阅读器后，接收阅读器发出的射频信号，凭借感应电流所获得的能量发送出存储在芯片中的产品信息（passive tag，无源标签或被动标签），或者由标签主动发送某一频率的信号（active tag，有源标签或主动标签），阅读器读取信息并解码后，送至中央信息系统进行有关数据处理。

一套完整的RFID系统，是由阅读器与电子标签也就是所谓的应答器及应用软件系统三个部分组成，其工作原理是阅读器（Reader）发射一特定频率的无线电波能量，用以驱动电路将内部的数据送出，此时Reader便依序接收解读数据，送给应用程序做相应的处理。

以RFID卡片阅读器及电子标签之间的通信及能量感应方式来看大致上可以分成：感应耦合及后向散射耦合两种。一般低频的RFID大都采用第一种方式，而较高频大多采用第二种方式。

阅读器根据使用的结构和技术不同可以是读或读/写装置，是RFID系统信息控制和处理中心。阅读器通常由耦合模块、收发模块、控制模块和接口单元组成。阅读器和标签之间一般采用半双工通信方式进行信息交换，同时阅读器通过耦合给无源标签提供能量和时序。在实际应用中，可进一步通过以太网（ethernet）或无线局域网（wireless local area network，WLAN）等实现对物体识别信息的采集、处理及远程传送等管理功能。

知识单元二　组成部分

完整的RFID系统由读写器（Reader）、电子标签（Tag）和数据管理系统三部分组成。

1. 关于阅读器

阅读器是将标签中的信息读出，或将标签所需要存储的信息写入标签的装置。根据使用的结构和技术不同，阅读器可以是读/写装置，是 RFID 系统信息控制和处理中心。在 RFID 系统工作时，由阅读器在一个区域内发送射频能量形成电磁场，区域的大小取决于发射功率。在阅读器覆盖区域内的标签被触发，发送存储在其中的数据，或根据阅读器的指令修改存储在其中的数据，并能通过接口与计算机网络进行通信。阅读器的基本构成通常包括：收发天线，频率产生器，锁相环，调制电路，微处理器，存储器，解调电路和外设接口。

（1）收发天线：发送射频信号给标签，并接收标签返回的响应信号及标签信息。

（2）频率产生器：产生系统的工作频率。

（3）锁相环：产生所需的载波信号。

（4）调制电路：把发送至标签的信号加载到载波并由射频电路送出。

（5）微处理器：产生要发送往标签的信号，同时对标签返回的信号进行译码，并把译码所得的数据回传给应用程序，若是加密的系统还需要进行解密操作。

（6）存储器：存储用户程序和数据。

（7）解调电路：解调标签返回的信号，并交给微处理器处理。

（8）外设接口：与计算机进行通信。

2. 关于电子标签

电子标签由收发天线、交流/直流电（alternating current/direct current，AC/DC）电路、解调电路、逻辑控制电路、存储器和调制电路组成。

（1）收发天线：接收来自阅读器的信号，并把所要求的数据送回阅读器。

（2）AC/DC 电路：利用阅读器发射的电磁场能量，经稳压电路输出为其他电路提供稳定的电源。

（3）解调电路：从接收的信号中去除载波，解调出原信号。

（4）逻辑控制电路：对来自阅读器的信号进行译码，并依阅读器的要求回发信号。

（5）存储器：作为系统运作及存放识别数据的位置。

（6）调制电路：逻辑控制电路所送出的数据经调制电路后加载到天线送给阅读器。

知识单元三　射频识别技术分类

射频识别技术依据其标签的供电方式可分为三类，即无源 RFID，有源 RFID，与半有源 RFID。

1. 无源 RFID

在三类 RFID 产品中，无源 RFID 出现时间最早，最成熟，其应用也最为广泛。在无源 RFID 中，电子标签通过接受射频识别阅读器传输来的微波信号，以及通过电磁感应线圈获取能量来对自身短暂供电,从而完成此次信息交换。因为省去了供电系统,所以无源 RFID 产品的体积可以达到厘米量级甚至更小,而且自身结构简单,成本低,故障率低,使用寿命较长。但作为代价,无源 RFID 的有效识别距离通常较短,一般用于近距离的接触式识别。无源 RFID 主要工作在较低频段 125 kHz 等,其典型应用包括:公交卡、二代身份证、食堂餐卡等。

2. 有源 RFID

有源 RFID 兴起的时间不长,但已在各个领域,尤其是在高速公路电子不停车收费系统中发挥着不可或缺的作用。有源 RFID 通过外接电源供电,主动向射频识别阅读器发送信号。其体积相对较大。但也因此拥有了较长的传输距离与较高的传输速度。一个典型的有源 RFID 标签能在百米之外与射频识别阅读器建立联系。有源 RFID 主要工作在 900 MHz、2.45 GHz、5.8 GHz 等较高频段,且具有可以同时识别多个标签的功能。有源 RFID 的远距性、高效性,使得它在一些需要高性能、大范围的射频识别应用场合里必不可少。

3. 半有源 RFID

无源 RFID 自身不供电,但有效识别距离太短。有源 RFID 识别距离足够长,但需外接电源,体积较大。半有源 RFID 又叫作低频激活触发技术。在通常情况下,半有源 RFID 产品处于休眠状态,仅对标签中保持数据的部分进行供电,因此耗电量较小,可维持较长时间。当标签进入射频识别阅读器识别范围后,阅读器先以 125 kHz 低频信号在小范围内精确激活标签使之进入工作状态,再通过 2.4 GHz 微波与其进行信息传递。也即是说,先利用低频信号精确定位,再利用高频信号快速传输数据。其通常应用场景为在一个高频信号覆盖的大范围中,在不同位置安置多个低频阅读器用于激活半有源 RFID 产品。这样既完成了定位,又实现了信息的采集与传递。

任务五　数据库技术

数据库是存放数据的仓库。它的存储空间很大，可以存放百万条、千万条、上亿条数据。数据的来源有很多，比如出行记录、消费记录、浏览的网页、发送的消息等。除了文本类型的数据，图像、声音都是数据。

数据库是一个按数据结构来存储和管理数据的计算机软件系统。数据库的概念实际包括两层意思：

(1)数据库是一个实体，它是能够合理保管数据的"仓库"，用户在该"仓库"中存放要管理的事务数据，"数据"和"库"两个概念结合成为数据库。

(2)数据库是数据管理的新方法和技术。通过使用数据库，能更恰当地组织数据、更方便地维护数据、更严密地控制数据和更有效地利用数据。

知识单元一　发展现状

在数据库的发展历史上，数据库先后经历了层次数据库、网状数据库和关系型数据库等各个阶段的发展。特别是关系型数据库已经成为目前数据库产品中最重要的一员。20世纪80年代以来，几乎所有的数据库厂商新出的数据库产品都支持关系型数据库，即使一些非关系型数据库产品也几乎都有支持关系型数据库的接口。这主要是传统的关系型数据库可以比较好地解决管理和存储关系型数据的问题。随着云计算的发展和大数据时代的到来，关系型数据库越来越无法满足需要，这主要是由于越来越多的半关系型和非关系型数据需要用数据库进行存储管理。与此同时，分布式技术等新技术的出现也对数据库的技术提出了新的要求，于是越来越多的非关系型数据库就开始出现，这类数据库与传统的关系型数据库在设计和数据结构方面有了很大的不同，它们更强调数据库数据的高并发读写和存储大数据。非关系型数据库一般被称为NoSQL(Not only SQL)数据库。而传统的关系型数据库在一些传统领域依然保持了强大的生命力。

知识单元二　数据库管理系统

数据库管理系统是为管理数据库而设计的电脑软件系统，一般具有存储、截取、安全保障、备份等基础功能。数据库管理系统可以依据它所支持的数据库模型分类，例如关系式、XML；或依据所支持的计算机类型分类，例如服务器群集、移动电话；或依据所用查询语言分类，例如SQL、XQuery；或依据性能冲量重点分类，例如最大规模、最高运行速度；抑或其他的分类方式。

数据库管理系统是数据库系统的核心组成部分，主要具有对数据库的操纵与管理功能，实现数据库对象的创建，数据库存储数据的查询、添加、修改与删除操作和数据库的用户管理、权限管理等。它的安全直接关系到整个数据库系统的安全，其防护手段主要有以下几点。

（1）使用正版数据库管理系统并及时安装相关补丁。

（2）做好用户账户管理，禁用默认超级管理员账户或者为超级管理员账户设置复杂密码；为应用程序分别分配专用账户进行访问；设置用户登录时间及登录失败次数限制，防止暴力破解用户密码。

（3）分配用户访问权限时，坚持最小权限分配原则，并限制用户只能访问特定数据库，不能同时访问其他数据库。

（4）修改数据库默认访问端口，使用防火墙屏蔽掉对外开放的其他端口，禁止一切外部的端口探测行为。

（5）对数据库内存储的重要数据、敏感数据进行加密存储，防止数据库备份或数据文件被盗而造成数据泄露。

（6）设置好数据库的备份策略，保证数据库被破坏后能迅速恢复。

（7）对数据库内的系统存储过程进行合理管理，禁用掉不必要的存储过程，防止利用存储过程进行数据库探测与攻击。

（8）启用数据库审核功能，对数据库进行全面的事件跟踪和日志记录。

知识单元三　分类

1. 关系型数据库

关系型数据库，存储的格式可以直观地反映实体间的关系。关系型数据库和常见的表格比较相似，关系型数据库中表与表之间是有很多复杂的关联关系的。常见的关系型数据库有 MySQL，SQL Server 等。在轻量或者小型的应用中，使用不同的关系型数据库对系统的性能影响不大，但是在构建大型应用时，则需要根据应用的业务需求和性能需求，选择合适的关系型数据库。

虽然关系型数据库有很多，但是大多数都遵循结构化查询语言（structured query language，SQL）标准。常见的操作有查询，新增，更新，删除，求和，排序等。

关系型数据库对于结构化数据的处理更合适，如学生成绩、地址等，这样的数据一般情况下需要使用结构化的查询，例如 join。这样的情况下，关系型数据库就会比 NoSQL 数据库性能更优，而且精确度更高。由于结构化数据的规模不算太大，数据规模的增长通常也是可预期的，所以针对结构化数据，使用关系型数据库更好。

2. 非关系型数据库

近年来，随着技术方向的不断拓展，人们开发了大量 NoSQL 数据库如 MongoDb、Redis、Memcache。

NoSQL 数据库指的是分布式的、非关系型的、不保证遵循 ACID 原则的数据存储系统。NoSQL 数据库技术与 CAP 理论、一致性哈希算法有密切关系。所谓 CAP 理论，简单来说就是一个分布式系统不可能满足一致性（consistency）、可用性（availability）与分区容错性（partition tolerance）这三个要求，一次性满足两种要求是该系统的上限。而一致性哈希算法则指的是 NoSQL 数据库在应用过程中，为满足工作需求而在通常情况下产生的一种数据算法，该算法能有效解决工作方面的诸多问题但也存在弊端，即工作完成质量会随着节点的变化而产生波动，当节点过多时，相关工作结果就无法那么准确。这一问题使整个系统的工作效率受到影响，导致整个数据库系统的数据乱码与出错率大大提高，甚至会出现数据节点的内容迁移，产生错误的代码信息。但尽管如此，NoSQL 数据库技术还是具有非常明显的应用优势，如数据库结构相对简单，在大数据量下的读写性能好；能满足随时存储自定义数据格式需求，非常适用于大数据处理工作。

NoSQL 数据库适合追求速度和可扩展性、业务多变的应用场景。对于非结构化数据的处理更合适，如文章、评论，这些数据通常只用于模糊处理，并不需要像结构化数据一样，进行精确查询，而且这类数据的数据规模往往是海量的，数据规模的增长往往也是不可能预期的，而 NoSQL 数据库的扩展能力几乎也是无限的，所以 NoSQL 数据库可以很好地满足这一类数据的存储。NoSQL 数据库利用 key – value 可以获取大量的非结构化数据，并且数据的获取效率很高，但用它查询结构化数据效果就比较差。

知识单元四　分布式数据库

分布式数据库技术结合了数据库技术与分布式技术。具体指的是把那些在地理意义上分散开的各个数据库节点，但在计算机系统逻辑上又属于同一个系统的数据结合起来的一种数据库技术。

分布式数据管理系统的分布式透明性使数据转移时程序正确性不受影响。

在分布式数据库里，数据冗杂是一种被需要的特性，这与一般的集中式数据库系统不同。首先，分布式数据库要在被需要的数据库节点复制数据，以提高数据的局部应用性。其次，如果某个数据库节点出现系统错误，在修复好之前可以在其他数据库节点里复制好的数据，使系统能够继续使用，提高系统的有效性。

课后习题

一、填空题

1. TCP/IP 协议在一定程度上参考了 OSI 的体系结构。OSI 模型共有七层，从下到上分别是物理层、（　　）、（　　）、（　　）、（　　）、表示层和应用层。

2. 计算机网络的分类标准有很多，但普遍认可的是按照地理范围划分，可分为（　　）、（　　）、（　　）和（　　）四种。

城市轨道交通门禁系统

3. 在给定的工作波长上（　　）模式的光纤称为多模光纤。

二、简答题

1. 请简述分励脱扣器的工作原理。
2. 请简述继电器的工作原理。
3. 计算机网络硬件一般由哪些设备组成？

项目三

门禁系统设备

思政课堂

轨道交通线网智能运维系统的设计方案思考

国内轨道交通建设取得了举世瞩目的成就,随着轨道交通运营线路的不断增多,我国轨道交通已经进入网络化运营时代。在轨道交通高效集约、网络化、安全可靠发展的同时,也给建设和运营部门带来巨大挑战,尤其是关键设备的运维问题,越来越成为研究的热点。

智能运维系统的核心是利用设备状态数据、故障数据、环境数据、管理数据等海量数据信息,借助大数据、云计算和人工智能等技术,综合考虑设备的可靠性和经济性,实现维修管理的信息化和智能化。首先对系统的需求进行分析,在此基础上提出系统的架构设计。

轨道交通的建设和运维管理需高效化、信息化和智慧化,面对智能运维这一大趋势,需要从全局性考虑,不再按照传统的单线路、单专业模式建设维修系统,从轨道交通全生命周期运营的实际需求出发,规划好线网智能运维系统的架构、建设目标战略,实现维修资源的集约化管理,从而更好地适应轨道交通网络化发展的需要。

项目概述

城市轨道交通门禁系统设置三级控制,分别为中心级、车站级、就地级,各级门禁系统均设置门禁设备用以支持实现各级系统功能。本项目将讲解门禁系统的构成,并带领大家认识各级系统的设备。

学习目标

1. 知识能力目标

(1)掌握门禁系统中央级、车站级、就地级的系统构成。

城市轨道交通门禁系统

(2)熟悉门禁系统中央级、车站级、就地级各设备的外观、结构等。
(3)掌握门禁系统与相关系统的接口设置及功能。
2.素质目标
(1)培养工匠精神，做合格的基层工作者。
(2)学习系统设备知识，培养专业素质，学会全面思考问题。

任务一　门禁系统架构

知识单元一　中央级门禁系统构成

中央级门禁系统是一个计算机网络系统，设置在控制中心，可对各区域门禁系统进行集中管理，实现门禁系统全线设备的控制和所有区域的数据采集、存储、统计功能以及中央级管理、授权等功能。

中央级门禁系统主要由 2 台门禁中央服务器、1 套交换机、1 台中央授权工作站、1 台中央管理工作站、1 台维护工作站、1 台打印机等设备构成。交换机接入综合监控系统提供的全线骨干传输网络。

门禁中央服务器上安装门禁管理服务器端软件、SQL 数据库。全线所有门禁数据、操作员操作记录、数据库修改记录均可存储在中央服务器上，同时中央门禁服务器接收门禁操作工作站的控制指令并解析发送至指定车站的门禁网络控制器，再传递至门禁终端设备，每台工作站可行使不同功能。

为了保证门禁系统的稳定性，系统设置一台中央授权工作站，用于门禁系统授权管理。中央授权工作站专门进行人员录入、授权等管理。授权工作站通过 USB 接口连接一台台式发卡机，通过发卡机读写门禁卡片数据并进行人员授权。人员信息录入可手动进行，也可将现有的人事数据导入至数据库，节省繁重劳动。

维护工作站专门进行设备管理和维护，维护工作站可看到全线所有门禁系统的传输记录，硬件通信和故障情况，查询门禁操作记录，查询和输出报表等。

中央级门禁服务器和维护工作站都由交换机接入骨干传输网络，与各车站构成完整门禁管理系统。

中央级门禁系统的构成如图 3-1-1 所示。

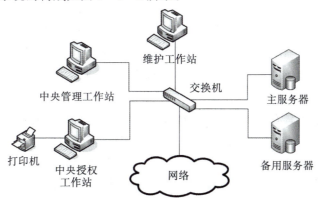

图 3-1-1　中央级门禁系统的构成

城市轨道交通门禁系统

知识单元二　车站级门禁系统构成

车站级门禁系统设在各车站、车辆段和停车场，进行本地区域内的门禁设备的数据管理、运算处理、采集保存，完成车站级门禁系统控制等功能。

车站级门禁系统主要包括门禁主控制器、交换机、车站级管理工作站和机柜。其中车辆段和控制中心大楼的车站级管理工作站分别与中央级门禁管理工作站合并设置，车站级设备与综合监控系统共用控制室和设备房。

车站级门禁系统根据车站规模大小及门禁点数量，一般每个车站内单端配置门禁主控制器。每个主控制器应该能驱动多条 RS485 总线，所有的就地控制器都顺序接入任意两条 RS485 总线或任意一条环形总线，确保不因单点故障影响整个门禁系统的正常工作。当车站规模过大，单台门禁主控制器的容量无法满足车站需求时，设置多台门禁主控制器。读卡器、电子锁等所有就地设备都分别接到就地控制器，就地控制器设置原则为单门控制器或双门控制器。门禁主控制器放置在车站综合监控设备室内，门禁主控制器可采用柜式落地安装。变电所门禁控制器设置在值班室或其他设备用房内，采用壁挂安装。

车站级门禁设备通过以太网连接到车站级交换机上。主控制器采用现场总线管理其他就地级设备，总线结构为双总线。每个主控制器驱动两条 RS485 总线，所有的就地控制器都顺序接入两条 RS485 总线，读卡器、电子锁等所有就地设备都分别接到就地控制器。

车站级门禁系统可通过以太网交换机上的以太网口接入通信专业提供的传输信道，实现中央级、车站级间的信息互通。车辆段在综合楼、停车联检库、牵引、降压变电所、运用库等需要设置门禁的单体设置门禁控制器，车辆段门禁控制器通过光缆接至车辆段交换机，车辆段安防集成平台工作站对车辆段内所有门禁点的状态进行监视管理。

门禁系统是基于完全的 TCP/IP 协议通信的网络门禁系统，与上位服务器的通信速度是普通 RS485 控制器的数千倍；TCP/IP 网络传输采用加密方式，确保系统通信安全；由于网络控制器采用 TCP/IP 网络传输，可以直接通过局域网或广域网进行扩展，系统部署和联网都非常容易，方便将来的系统升级和扩展。

门禁网络控制器向上通过 TCP/IP 连接到交换机上，向下通过现场总线连接就地级设备。网络控制器具有 4 路 485 总线，网络控制器与就地控制器之间采用冗余双总线方式连接，任何一个就地控制器发生故障或掉电都不会影响到其他就地控制器，所有剩余正常工作的就地控制器仍然能够与门禁主控制器之间进行正常通信，为地铁的正常运行带来安全保障；前端设备如读卡器、磁力锁、开门按钮、门磁等分别接到就地控制器。车站网络结构分析如图 3-1-2 所示。

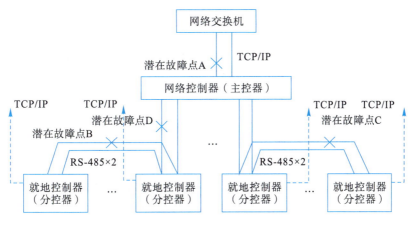

图 3-1-2 车站网络结构分析

门禁主控制器可连接 32 个读卡器接口模块，每个就地控制器可管理 2 个单向读卡门禁点或 1 个双向读卡门禁点，因此单台主控制器最大可连接 64 个单向读卡门禁点。一般情况下，如单个车站门禁点数不超过 64 个，配置 1 台主控制器即可；如果超过 64 个门禁点，应另外增加主控制器。每个站点至少配置两台主控制器，可接入 128 个门禁点，如图 3-1-3 所示。

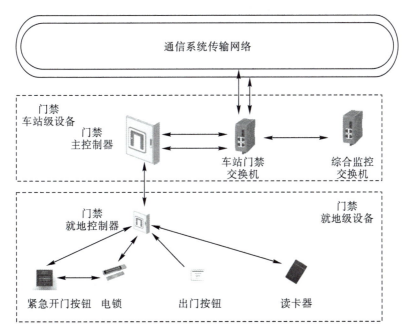

图 3-1-3 车站级门禁系统构成图

城市轨道交通门禁系统

知识单元三　就地级门禁系统构成

就地级设备安装在门禁点周围，主要包括就地控制器、读卡器、电锁、门磁、出门按钮、紧急开门按钮以及相关电源转换设备。

一般在主要设备机房、AFC票务室、调度室等重要门禁管制区域配置就地级设备。每个就地控制器连接两个门禁点，就地控制器带持卡人信息和记录存储功能。读卡器、电锁、门磁、开门按钮均直接连接至就地控制器。每个门禁点均配置一个紧急开门按钮，串接入电锁供电回路，当发生特别事故时，可通过直接砸碎紧急开门按钮的玻璃面板来打开门禁点。当通过此种方式开门时，紧急开门按钮将会发送一个反馈信号至门禁系统进行报警。就地级门禁系统的构成如图3-1-4所示。

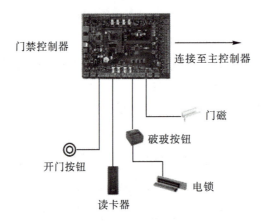

图3-1-4　就地级门禁系统的构成示意图

任务二　中央级门禁设备

中央级 ACS 主要由 ACS 门禁服务器、ACS 授权工作站（带授权软件）、ACS 管理工作站、打印机及网络设备等组成。置于控制中心（operating control center，OCC）设备用房的 ACS 服务器连接在 ISCS 控制中心局域网上，通过专用通信传输系统实现与备用 OCC、主变电所及车站门禁系统的局域网络互联。ACS 授权工作站、ACS 管理工作站置于综合网管室内，通过 ISCS 控制中心局域网和 ACS 服务器通信。

本任务以郑州地铁 1 号线中央级门禁系统设备为例进行介绍。

知识单元一　中央级门禁服务器

中央级门禁服务器（图 3-2-1）由服务器、后台数据库软件、门禁管理软件组成。它记录着所有系统的人员信息、设备信息、进出记录、事件记录等。主服务器和备服务器上均安装有门禁管理软件，两台服务器互相备份，以保证系统的连续运转及数据的安全完整性。

数据库为采用三级安全保护。中央服务器数据库实时保存所有记录，主控制器上存有下端设备上传的进出数据信息，就地级设备存有人员信息、进出数据。当系统正常运作时，数据分别存储到各个设备上，并同步中央服务器的数据。一旦与中央服务器通信失败，就地级设备会将信息存储在本地，当与中央服务器通信恢复后，再自动将数据上传，保证了系统的可靠性。

系统支持数据备份和恢复功能，操作员可以采用手工或自动设置的形式对硬件配置数据、持卡人数据、系统操作数据、系统报警事件数据等各种数据进行备份。当系统出现故障乃至崩溃时，用户可以根据自己的需求采用相应的"备份文件"进行"数据库恢复"的工作，将数据库还原到之前有效的状态下。

图 3-2-1　中心级门禁服务器

城市轨道交通门禁系统

知识单元二　中心级门禁系统交换机

中心级门禁系统交换机采用三层工业以太网交换机，提供28个端口，配置1个2口百兆光纤、2口百兆双绞线模块，1个4口百兆双绞线模块，实现2个百兆多模光口、6个百兆电口的要求，如图3-2-2所示。

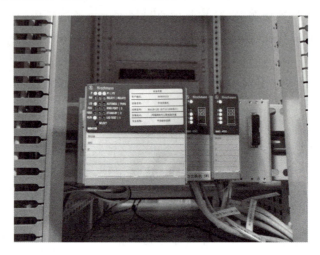

图3-2-2　中心级门禁系统交换机

知识单元三　中心级管理工作站

中央级管理工作站能实现对各车站（区域）系统内的所有门禁设备的监控，能满足系统运作、设备监控、网络管理、数据库管理、维修管理及系统数据的集中采集、统计、保存、查询等功能，如图3-2-3所示。

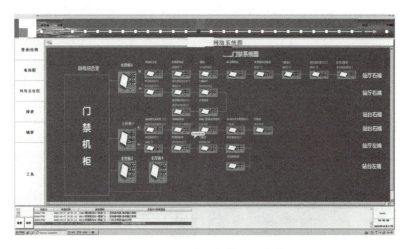

图3-2-3　中心级管理工作站

中央级 ACS 授权工作站管理门禁卡的授权，具有对门禁卡单体、批量授权的功能，如图 3-2-4 所示。

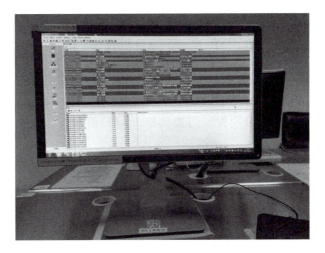

图 3-2-4　中心级 ACS 级授权工作站

任务三　车站级门禁设备

知识单元一　门禁配电箱

门禁配电箱(图3-3-1)安装在综合监控设备室，所用电路是由综合监控配电箱提供，接入INAC端子模块。再由INAC端子输出给AC220、TQAC220、IBP端子模块以及空气开关等。空气开关分别控制门禁机柜、AFC票务室、电锁和就地控制器的电源供电。

图3-3-1　门禁配电箱

知识单元二　门禁机柜

门禁机柜位于综合监控设备室，门禁机柜中主要设备有交换机、门禁主控制器、开关电源、汇流排、空气开关以及接线端子等，如图3-3-2所示。

图3-3-2　门禁机柜

1. 门禁交换机

机柜内上端放置门禁交换机 1 台，门禁交换机有 2 个介质模块，每个介质模块有 4 个网口。第一个介质模块网口 1 接入主控制器 1 号交换机网线，网口 2 接入综合监控骨干网 A 网交换机网线，网口 3 接入管理工作站网线，网口 4 预留。第二个介质模块网口 1 接入主控制器 2 号交换机网线，网口 2 接入综合监控骨干网 B 网交换机网线，网口 3 和 4 预留，如图 3-3-3、图 3-3-4 所示。

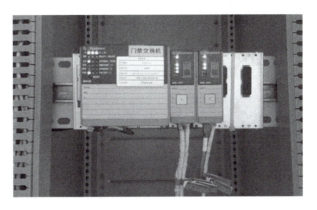

图 3-3-3　门禁交换机

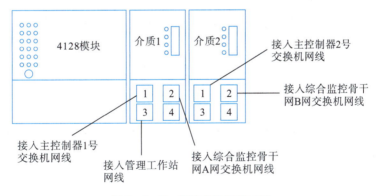

图 3-3-4　门禁交换机端口图

2. 门禁主控器

门禁主控器（图 3-3-5）需要安装的设备是电路板、交换机、端子排。其配线主要为电路板 RS485 通信端子与端子排之间的接线，电路板以太网口与交换机网口的接线，电路板供电电源端子与端子排的接线，端子排 FAS 接线端子与电路板对应端子的接线。

依照配线图将 RS485 通信线、电源线以及网线接入端子排和电路板中。电路板与端子排还有一项接线为 FAS 与门禁系统之间的状态及控制接线。门禁机柜端子排配线如图 3-3-6 所示。

图 3-3-5　门禁主控器

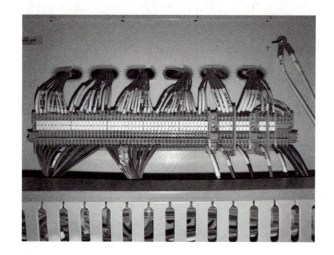

图 3-3-6　门禁机柜端子排配线

门禁机柜端子排内 1 和 2 接口分别并连 4 根单芯线；3 和 4 接口各接入 1 根单芯线。FAS 继电器发过来的火灾释放信号由 1、2 接口的线缆分别接入 4 块电路板的节点，3 和 4 接口分别接入"第四块"电路板的节点，当门禁释放后，反馈给 FAS 信号。门禁主控制器 FAS 接口端子如图 3-3-7 所示。

图 3-3-7　门禁主控制器 FAS 接口端子

3. 门禁机柜电源模块

门禁机柜电源模块如图 3-3-8 所示。门禁机柜供电如图 3-3-9 所示。

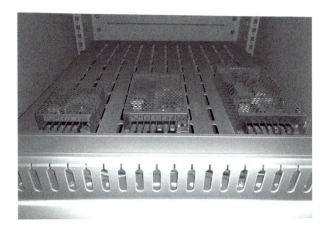

图 3-3-8 门禁机柜电源模块

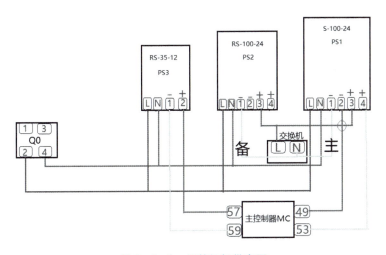

图 3-3-9 门禁机柜供电图

4. 机柜电气配件

机柜下端放置的为多功能插座、空气开关、AC220 V 端子排、DC24 V、DC12 V 端子排模块及接地汇流排。门禁机柜电气配件如图 3-3-10 所示。门禁机柜电气配线如图 3-3-11 所示。

图 3-3-10 门禁机柜电气配件图

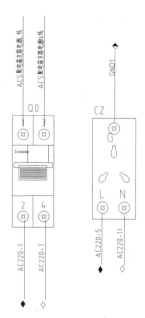

AC220配线表		
上侧配线	端子号	下侧配线
Q0-2 ◆	1	FUN 电源L线 ◆
	2	PS1⊥ ◆
	3	PS2⊥ ◆
	4	PS3⊥ ◆
	5	CZ⊥ ◆
Q0-4 ◇	7	FUN 电源N线 ◇
	8	PS1_N ◇
	9	PS2_N ◇
	10	PS3_N ◇
	11	CZ_N ◇
	12	

DC24-1配线表		
上侧配线	端子号	下侧配线
PS1Φ3 ◆	1	SW 主电源L线 ■
	2	MC_DZP_49 ■
PS1Φ1 ◇	3	SW 主电源N线 □
	4	MC_DZP_53 □

DC24-2配线表		
上侧配线	端子号	下侧配线
PS2Φ3 ◆	5	SW 备用电源L线 ■
	6	
PS2Φ1 ◇	7	SW 备用电源N线 □
	8	

DC12配线表		
上侧配线	端子号	下侧配线
PS3Φ2 ◆	9	MC_DZP_57 ■
PS3Φ1 ◇	10	MC_DZP_59 □

GND1配线列表
柜体接地线
PS1_G
PS2_G
PS3_G
MC 箱体接地线
CZ_G

图 3-3-11 门禁机柜电气配线图

知识单元三　车站级工作站

车站级工作站安装在车站控制室内,车站(或本区域)维修人员能在车站级管理工作站实现对门禁设备的维护管理功能、时钟同步功能、设备监控功能、报表生成与查询功能、报警功能、门禁参数上传和下载、门禁设备控制、安全防返功能。车站级工作站配置同中央级门禁管理工作站。车站级门禁工作站如图 3-3-12 所示。

图 3-3-12　车站级门禁工作站

城市轨道交通**门禁系统**

任务四　就地级门禁设备

就地级门禁设备安装在门禁点周围，主要包括就地控制器、读卡器、电锁、门磁、出门按钮、紧急开门按钮以及相关电源转换设备。

每个就地控制器连接两个门禁点，就地控制器带持卡人信息和记录存储功能。读卡器、电锁、门磁、开门按钮均直接连接至就地控制器。每个门禁点均配置一个紧急开门按钮，串接入电锁供电回路，当发生特别事故时，可通过直接砸碎紧急开门按钮的玻璃面板来打开门禁点。当通过此种方式开门时，紧急开门按钮将会发送一个反馈信号至门禁系统进行报警。

一、就地控制器

就地控制器读取门禁卡内的授权信息，在线状态下通过门禁控制器将信息上传到车站级门禁工作站和中央服务器，并接收本地工作站的指令，离线状态下则根据所保存的 ACS 参数进行控制。在与车站级设备的通信中断情况下，处于离线状态工作，同时具有本地存储功能，且离线后重新在线时，离线的信息可以重新上传到车站级设备。门禁就地控制箱如图 3-4-1 所示，门禁就地控制器如图 3-4-2 所示。

图 3-4-1　门禁就地控制箱

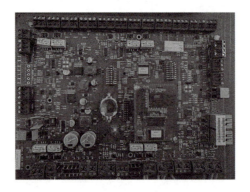

图 3-4-2　门禁就地控制器

二、读卡器

读卡器分为键盘读卡器与普通读卡器，键盘读卡器设置于 AFC 票务室外侧，车站范围内其他门禁均采用普通读卡器。读卡器如图 3-4-3 所示。

图 3-4-3　读卡器

三、电磁锁

电磁锁分为单门电锁（图 3-4-4）和双门电锁（图 3-4-5）。双门电锁可以理解为由两把完全相同的单门电锁组成。

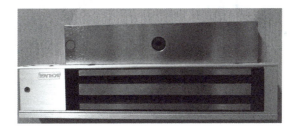

图 3-4-4　单门电锁

图 3-4-5　双门电锁

电锁接线区主要包含：供电电压跳线、电源端子、电锁信号端子、门磁信号线。单门电锁接线端子如图 3-4-6 所示。

图 3-4-6 单门电锁接线端子

双门电锁接线端子由两个相同的单门电锁模块组成，如图 3-4-7 所示。

图 3-4-7 双门电锁接线端子

四、出门按钮

出门按钮作用是按下开门控制，接线时两个节点不需要区分，直接连接由就地控制器接入的 2 根出门按钮线，如图 3-4-8 所示。

图 3-4-8 出门按钮

五、紧急出门按钮

紧急出门按钮的作用是在紧急情况下对电磁锁进行断电开门,如图3-4-9所示。

图3-4-9 紧急出门按钮

任务五 门禁系统与其他系统接口

知识单元一 与火灾自动报警系统接口

一、接口位置

ACS 与 FAS 的接口界面，如图 3-5-1 所示。

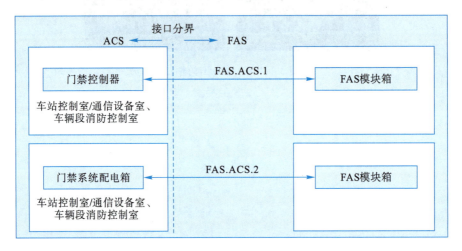

图 3-5-1 ACS 与 FAS 的接口界面

ACS 与 FAS 的分界点在门禁系统 ACS 柜内接线端子排侧。

二、接口功能

1. FAS 系统与 ACS 系统接口 1(FAS.ACS.1)

火灾情况下，门禁控制器接受 FAS 发出的确认后的火灾信息，通过系统软件释放门禁电锁。

2. FAS 系统与 ACS 系统接口 2(FAS.ACS.2)

火灾情况下，门禁系统接受切除非消防电源，系统断电解锁。

三、接口形式

ACS 与 FAS 的接口方式为硬线接口，硬接点信号包括开关量输入(DI)，开关量输出(DO)。

知识单元二　与通信传输系统的接口

一、接口位置

ACS 与通信传输系统的接口界面，如图 3-5-2 所示。

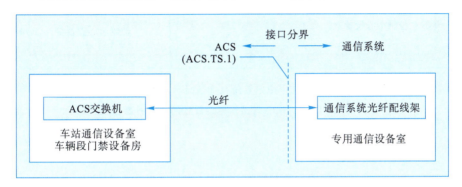

ACS.TS.1—ACS 系统与通信传输系统接口 1。

图 3-5-2　ACS 与通信传输系统的接口界面

二、接口功能

通信传输系统向门禁系统提供符合 IEEE802.3 标准的 10/100 M 以太网接口。为全线门禁系统信息交换网络提供专用光纤通道。门禁系统利用通信通道构建门禁系统全线传输网络。

三、接口形式

ACS 与通信传输系统的接口方式为通信接口。

知识单元三　与通信时钟系统接口

一、接口位置

ACS 与通信时钟系统的接口界面，如图 3-5-3 所示。

城市轨道交通**门禁系统**

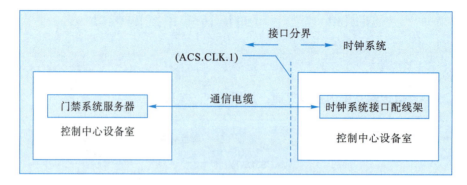

ACS.CLK.1—ACS 系统与通信时钟系统接口 1。

图 3-5-3 ACS 与通信时钟系统的接口界面图

二、接口功能

接收时钟系统的标准时间信号，并根据时间信号校准门禁系统时间。

三、接口形式

ACS 与时钟系统的接口方式为通信接口。

知识单元四 与安防集成平台的接口

一、接口位置

ACS 与安防集成平台的接口界面，如图 3-5-4 所示。

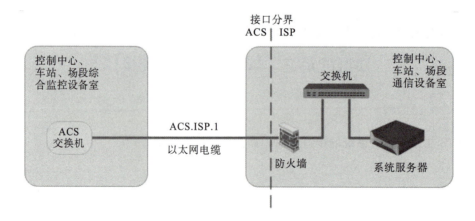

图 3-5-4 ACS 与安防集成平台的接口界面图

二、接口功能

安防集成平台接收出入口控制系统（门禁系统）发送的设备信息、报警信息等，并能向出入口控制系统发送控制指令，并与相关子系统进行联动。

安防平台和门禁站点级接口用于门禁上传状态、报警信息等，安防平台控制设备等。线路级接口用于门禁上传刷卡记录、进行门禁授权等。

三、接口形式

ACS 与安防集成平台的接口方式为通信接口。

知识单元五　与综合监控系统接口

一、接口位置

ACS 与综合监控系统（integrated supervisory control system，ISCS）的接口界面，如图 3-5-5 所示。

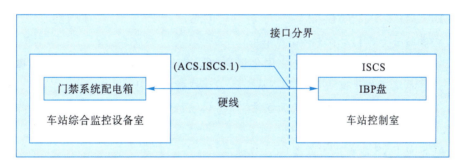

ACS. ISCS. 1—ACS 系统与综合监控系统接口 1。

图 3-5-5　ACS 与 ISCS 的接口界面图

二、接口功能

ACS 与 ISCS 系统在车站车控室 IBP 端子排外侧的接口实现了 IBP 盘对 ACS 的紧急释放控制功能。

三、接口形式

ACS 与 ISCS 系统在车站车控室 IBP 端子排外侧的接口采用硬线连接。

知识单元六　与建筑装修专业的接口

一、接口位置

门禁系统与建筑装修专业接口分界点在安装门禁设备的管理用房、设备用房及通道门处。

二、接口功能

门禁系统向建筑专业提供设备管理用房门禁电磁锁、门磁、读卡器、出门按钮和紧急出门按钮等设备安装需求，建筑专业根据门禁设备安装需求设置门禁用房，并反馈给门禁专业，装修专业负责门禁设备安装后装修。

 课后习题

一、单项选择题

1. 单台主控制器最大可连接（　　）个单向读卡门点。
A. 16　　　　　　B. 32　　　　　　C. 64　　　　　　D. 128

2. 电磁锁分为单门电磁锁和（　　）。
A. 电插锁　　　　B. 机电一体化锁　　C. 复合电磁锁　　D. 双门电磁锁

3. 门禁系统工作于离线状态时，从（　　）读取授权信息。
A. 就地控制器　　B. 授权工作站　　　C. 门禁服务器　　D. 车站工作站

二、填空题

1. ACS 与 FAS 的接口方式为（　　）接口。

2. ACS 与 ISCS 系统在车站 IBP 的接口为（　　）接口。

3. 门禁系统在火灾情况下接收 FAS 发来的（　　）门禁的控制信号，实现对门禁的开启控制。

三、简答题

1. 请简述中央级门禁系统的构成。

2. 就地级门禁系统包含哪些设备？

3. 请简述 FAS 与门禁接口位置。

项目四
门禁系统的功能与性能

思政课堂

线网级门禁授权浅析

郑州轨道自 2013 年 12 月 28 日开通试运营 1 号线一期工程，截至 2022 年，郑州轨道运营里程将达到 300 公里以上，将全面实现线网化运营。线网化运营后各线路门禁软件系统平台之间的数据共享与互换将面临考验。

线网级门禁授权系统适用于存在多个线路门禁系统的大型应用中，目前该系统主要应用于城市的多地铁线路。由于每个地铁线路可能部署一套或多套不同的门禁系统，因此我们需要在一个系统平台对多条线路的门禁系统进行统一管控，而线网级门禁授权系统能够满足需求。

线网级门禁授权系统部署后，可以接入各线路门禁系统。将某条线路门禁系统接入线网级门禁授权系统之前，需要在线网级门禁授权系统进行一定的配置操作，使得该线路在线网级门禁授权系统中具有合法身份，从而才可与该线路进行正常通信。目前，从技术角度分析，线网级门禁授权系统没有线路数量限制。但是线网级门禁授权系统一般设置在控制中心，每个控制中心接入的地铁线路一般是有规划的。

项目概述

门禁系统是实现员工进出管理的自动化系统。门禁系统可自动识别员工身份，自动根据系统设定开启门锁，自动采集数据，自动统计、产生报表，并可通过系统设定实现人员权限、区域管理和时间控制等功能。

门禁系统以使用方便、功能全面、安全可靠和管理严格为原则。

门禁系统的具体工作模式：持卡人根据所获得的授权，在有效期限内可开启指定的门锁，进入实施门禁控制的工作场所；门禁系统实现对员工身份、职能的识别，并进行出入记录，车站级管理工作站和中央级管理工作站记录所有系统事件、处理记录，

城市轨道交通**门禁系统**

配置相关的管理软件按管理要求进行记录查询并自动生成各种报表。

本项目从基本功能，中央级、车站级、就地级功能，在线监测功能，系统软件功能，系统性能等方面，全面讲解门禁系统的功能特性。

 学习目标

1. 知识能力目标

（1）掌握门禁系统的基本功能，包括：中央级、车站级、就地级功能。

（2）掌握在线监测功能要求。

（3）掌握系统软件相关功能要求。

（4）掌握门禁系统的性能指标要求。

2. 素质目标

（1）培养爱岗敬业的品质，提升作为技术工作者的基础素质。

（2）提升职业道德的是非判断力。

任务一　门禁系统的基本功能

知识单元一　门禁系统的运作状态

一、在线状态

在线状态为系统的正常运行状态。中心级门禁系统将门禁控制参数和门禁授权信息下载到车站门禁系统工作站及门禁控制器，门禁控制器将相应的参数和授权信息下载到就地控制器，就地控制器根据授权数据检测刷卡人的通行行为并控制门锁的开闭。门禁就地控制器将门禁操作信息上传到中心级系统及车站级系统。操作人员可根据权限对门禁系统设备进行设定、监控等。

二、离线状态

在通信网络中断的情况下，系统工作处于离线状态。当中心级 ACS 与车站级 ACS 工作站通信中断时，门禁控制器和就地控制器能够按照事先下载的参数自动运行。车站级 ACS 工作站正常实时监控本车站门禁系统的运行，并可存储在通信中断期间，其所管辖的各个门禁控制器上传的数据。

当车站级 ACS 与门禁控制器连接中断时，门禁控制器能够按照事先下载的参数自动运行，所有下属的就地控制器均能正常运行。门禁控制器能接收就地控制器上传的记录信息，并存储相关信息。在门禁控制器与车站级 ACS 工作站重新连接后，将记录信息自动上传。

当门禁控制器与就地控制器连接中断时，就地控制器能够按照事先下载的参数自动运行，可以正常开关门控制，并存储开关门的日志信息，在门禁控制器与就地控制器重新连接后，将记录信息自动上传到门禁控制器。

由于本系统采用就地控制器直接存储授权权限，独立对开门权限进行就地鉴权，不依赖于门禁控制器或数据库服务器的在线工作，因此，大大提高了门禁的离线安全管理能力。

本系统依照"中心—车站—就地"三级分布式控制，能在最大程度上保存系统在恶劣通信环境下的门禁管理能力。所有离线通行记录，都首先保存在就地控制器，其次向上汇报至门禁控制器、车站级门禁系统及中心级门禁系统，可以切实保障系统在离线状态下的详细信息记录。

三、灾害运行状态

灾害运行状态是指火灾或其他灾害发生时，需要紧急逃生时，ACS 自动响应并进行切换的工作状态,系统可支持两种灾害运行状态。

1. 自动释放状态

当火灾发生时,由火灾自动报警系统将区域火灾报警信息(硬线接点)传递至车站相关门禁主控制器,系统根据预先设定的预案自动进入火灾模式,向指定区域的门禁设备发出开门指令,满足消防疏散和紧急救灾的要求,门禁系统将自动在门禁就地控制器中记录事件。

2. 手动释放状态

当灾害发生时(含火灾情况),工作人员手动启动 IBP 按钮,即按下车站车控室、车辆段消防控制室的门禁紧急按钮统一对管辖范围内的门锁断电,切断门禁系统的电锁总电源,释放所有门禁,满足消防疏散和紧急救灾的要求。

IBP 按钮控制电锁连线示意图,如图 4-1-1 所示。

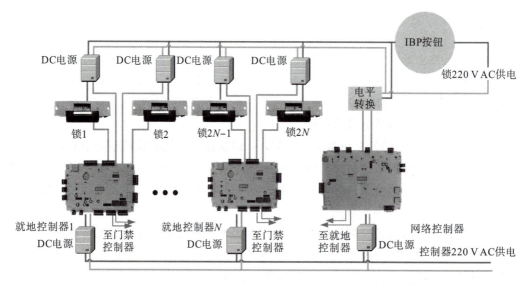

图 4-1-1　IBP 按钮控制电锁连线示意图

IBP 按钮直接连接门禁配电箱内的电锁供电回路的电磁继电器信号输入触点。当 IBP 按钮按下时,则切断门禁系统的电锁电源 220 V 供电电路,从而将门打开。同时,IBP 盘上的按钮通过电平转换器与门禁控制器的报警输入端口连接,当 IBP 盘动作时,门禁系统记录并保存报警信息。

知识单元二　门禁卡进出模式

1. 不可通行

持有本门禁卡的使用者不能通行于本系统的管制门。

2. 读卡即可

持有本门禁卡的使用者通行于系统管制门时只需感应即可开门，但也只能以门禁卡感应才能开门。

3. 读卡或密码

持有本门禁卡的使用者通行于系统的管制门时只需感应即可开门，也能以输入使用者编号再输入个人密码开门。

4. 读卡且密码

持有本门禁卡的使用者通行于系统的管制门时需先感应门禁卡再输入个人密码才可开门。

知识单元三　门禁卡工作模式的管理功能

1. 指定时段

系统可指定多组的进出管制时段，所谓时段即是一星期中每天的允许通行时间，包含假日时该时段是否为允许进出。

2. 使用等级

指定使用者对于不同区域或不同门（门组）的进出通行等级。可指定单个门禁卡或由相应的范围指定，范围包括员工的分组和门的分组、区域（防火分区等）划分等。

3. 指定期限

可实现门禁卡在系统指定管制门的通行期限。如本门禁卡为临时员工所持有，可指定允许通行的期限。

4. 门组编辑

本系统可指定多组的进出管制门组，每一个门组皆内含多个可选的允许进出门。所谓"门组"即是将相同特性的进出门，归类分组并分级。

5. 通行时段编辑

每一组通行时段皆可设定为周一至周日各个时间段的时间。当遇上假日时可以指定本时段是否可以允许进出。

6. 假日编辑

控制器可以存放至少120天的假日对应表。

城市轨道交通门禁系统

任务二　门禁系统各层级系统功能与性能

知识单元一　中央级功能

中央级管理工作站实现对各车站、车辆段、区间风井（含区间变电所）在内的所有门禁设备的监视与控制、数据库管理、授权管理。

功能主要包含：系统具有完备的运作模式；监控车站级管理工作站运行状态，收集全线各车站级管理工作站运行状态；能够对系统的数据库进行管理；设置车站及授权区域；设置车站及授权区域的属性、安全级别。对于较高安全级别的区域，能实时显示及打印；向车站级系统下达系统工作参数、授权参数、黑名单等信息；对不同级别的操作权限，设置不同的操作密码对所有操作进行记录；能显示系统登录、修改、操作、报警等信息；管理门禁卡的授权；设置门禁卡的安全级别、授权进入的区域，门禁授权可以采用通用表格形式批量导入员工信息进行授权设置；持卡人信息可自定义多个数据项，数据项的数量可以达到 30 个以上；能对持卡人的卡证进行设计和打印输出，包括使用 Windows 支持的标准打印机进行打印；管理网络具有在线监视、自诊断、自恢复及在线修复功能，并可显示网络负荷情况；对操作信息、报警信息进行实时记录；根据需求或阶段性生成所有车站（区域）或部分交易统计及维修报表；能实现进行故障查询和分析功能；根据最终用户的要求，编制报表格式，并自动生成报表；具有打印功能；实现多种即时或统计查询功能；实现车站级管理工作站的所有功能；可对全线门禁系统设备进行维护管理。

知识单元二　车站级功能

一、车站级管理工作站的功能

1. 维护管理功能

车站（或本区域）维修人员能在车站级管理工作站实现对本站门禁设备的维护管理，其具备以下功能：

能对整个系统的网络通信状况监控信息进行实时上传；能实时监控各门禁就地级设备的通信状态、运行状态及故障情况，在门禁设备状态变化时能自动接收、自动查询、自动保存其状态数据，当出现状态变化或故障时，能准确、实时地显示。当一台门禁就地级设备具有多个状态或故障时，能全部显示，在状态变化后，能及时更新状态信息；系统能将自动生成相应的门禁就地级设备故障及维修统计报告的门禁就地级设备状态、故障情况及门禁就地级设备维修信息上传。维修人员能查询各门禁就地级设备的维修历史日志及门禁就地级设备故障及维修统计报告。

2. 时钟同步功能

车站级管理工作站在规定时间间隔内与门禁就地级设备进行一次时钟同步。门禁就地级设备时钟与车站级管理工作站时钟同步。在车站级管理工作站与门禁就地级设备均启动时同步系统时钟。只有在车站级管理工作站与门禁就地级设备单机运行状态下，方可修改其系统时钟。

3. 监控功能

车站级门禁系统能够模拟门禁设备的布置，图形化地监控各门禁设备的通信状态、运行状态及故障情况。当出现状态变化或故障时，能在屏幕上准确、实时地显示；报警信息提醒操作员注意，且报警界面可以自动弹出，并记录开启门号、过往卡号及人员姓名、读卡和通行状态、门开关状态。报警必须由操作员确认后消除，并有数据、时间、确认和处理等记录。

系统实现图标列表实时监控，可根据需要选择部分门禁图标列表进行监控。通过多层动态电子地图来实现实时监控，可在图上显示每个门的开、关、报警等情况。当门被打开或关闭，开门时间超时，报警点被触发等事件发生时，动态电子地图会通过图标、声音的变化显示事件发生的位置、状态等。这样可以方便保安人员迅速了解报警地点、报警类型，以方便做出解决措施。

4. 报表生成与查询

所有系统活动和活动处理历史档案均能被自动存储在本地服务器和中央服务器硬盘供检索和查阅。系统按时生成有关报表，必要时可以灵活根据条件查询数据及生成临时报表。用户能定义报表格式和内容，报表可显示在屏幕上或存储在软盘、光盘上，也可以直接输出至打印机。

5. 报警功能

各种报警事件有报警优先级设定。报警级别高的事件优先上传。报警事件查看器具有过滤功能，系统软件对各种报警信息提供显示并存储、只显示不存储、只存储不显示和不存储不显示4种选择。高级别的报警事件显示在最上端，同时有报警时间和累计次数信息。

6. 门禁参数上传和下载

车站管理工作站能独立于中央服务器正常工作，并在连通时将网络中断时间内的数据上传。并接收中央级管理工作站系统下达的系统参数，同时将参数下达到相关门禁终端。车站级管理工作站不允许修改数据，不允许进行授权管理，仅接收中央发出的授权信息。

7. 门禁设备控制

车站级管理工作站能向单台、一组、一类或全部门禁就地级设备下达运行控制命令，如：遥控开门等。

ACS 与 FAS 之间的连接方式为硬线连接，车站任何一处发生火灾后，自动火灾报警系统(FAS)向 ACS 发出确认后的火灾信息，ACS 收到信息后通过系统软件自动释放门锁。车辆段门禁控制器收到 FAS 发送的确认的火灾信息后，能通过系统软件自动释放发生火灾单体内的门禁门锁。

门禁系统可接收 IBP 的紧急释放按钮的信息(只有一个按钮)，直接切断车站所有门锁的电源，实现门锁释放。车辆段每个设置门禁控制器的单体内，设置紧急释放按钮，该按钮直接切断门禁控制器管辖区域的所有门锁电源，实现门锁释放。并应具备手动、自动切换功能。

8. RS485 断点监测功能

门禁控制器与就地控制器间采用 RS485 环形(或双总线)方式连接，确保不因单点故障影响整个回路的通信，即环形总线(或双总线)中任意一点断路后能保证所有就地控制器仍然在线。同时，当任意回路中出现断路时，门禁系统工作站立即弹出报警信息，并显示系统的断路位置，提醒维修人员及时检修。

二、门禁控制器功能

门禁控制器具有通信口，通过现场总线和就地控制器相连接，实现数据的通信。门禁控制器与就地控制器之间的网络结构，能满足单点故障不影响其就地控制器与门禁控制器通信的要求。

当发生火灾时，门禁控制器接受 FAS 系统发出的确认后的火灾信息，通过本系统软件自动释放门锁。在紧急情况下，门禁系统可以实现在车站 IBP 盘对除 AFC 票务室外的门锁统一释放。

知识单元三　就地级功能

就地控制器通过现场总线和门禁控制器连接，实现数据的通信。就地控制器能够通过门禁控制器接受中央和车站工作站下达的系统参数，并将参数下传至读卡器。就地控制器读取门禁卡内的授权信息，在线状态下通过门禁控制器，将信息上传到车站级门禁工作站和中央服务器，并接收本地工作站的指令，离线状态下则根据所保存的 ACS 参数进行控制。在与车站级设备的通信中断情况下，处于离线状态工作，同时具有本地存储功能，且离线后重新在线时，离线的信息可以重新上传到车站级设备。所有上传的信息必须带有时间信息，要求精确到秒级。对于单向刷卡的门禁点，安装出门按钮，用于释放对应门禁点的门锁。出门按钮装有线路侦测电路，控制器可以判断出门按钮的正常、反常、破坏(剪断、旁路)等状态。

紧急开门按钮直接接在电子锁的供电回路里，与电子锁串联，在按下紧急开门按钮后保证电子锁处于打开状态，在紧急情况下保证疏散通道畅通。同时，紧急开门按钮动作时，系统产生报警，并将信息上传至工作站。紧急开门按钮可进行手动复位。

知识单元四　在线监测功能

在线监测主要目的是通过对门禁系统各设备信息的采集，对采集到的信息进行统计、整理，并向运营人员提供简洁、形象的人机界面显示，提高运营人员工作效率，提高整体自动化水平。从技术层面上提供切实高效的技术手段，提高效率，增强故障事故的抵御能力，提高轨道交通的运营管理水平，为后续接入线网智能运维平台提供保证。在线监测系统的功能包括但不限于如下内容。

一、数据监测功能

实时监视系统各设备网络及软件模块等运行情况，在网管工作站上，实时显示整个门禁系统和各个车站的门禁系统设备的状态图，可以通过选择对象，进一步显示该设备状态，如网络连接状态、应用软件运行状态、各个设备连接通道的工作状态等；也可通过整体(全线或车站)网络图，选择对一类或几类设备进行筛选显示，或对一类或几类信息参数(所有或仅显示异常数据)进行筛选显示。

二、阈值设置功能

采集系统各设备及模块的设备信息及参数，并可对每个设备的数据信息数值设置一个或几个报警阈值(预警值和报警值)，对超过所有报警数值的设备进行报警并统计，对超过预警数值的设备进行异常分析并统计。阈值的设置应结合设备的基础参数、专业维修人员提供的维修参数，并满足运营人员的要求。

三、报警管理功能

在网管操作员工作站上，当设备发生故障或异常时，报警信息传输到网管操作员工作站上进行分类显示，并能自动生成故障统计报表。当重要设备(一旦发生故障，会引起系统停止工作)发生故障时，在报警显示画面上应有专门的提示，以便维护人员能迅速判定故障，进行处理。

四、可扩展性

在线监测系统功能的扩展和升级不影响系统的正常运行。

五、统计和报表

具有强大的报表管理、生成和打印功能，常用报表有报警报表，事件报表、数据统计报表、各种日志报表等，同时授权用户可以定制所需的报表及定制报表格式。报告可以定时输出，也可以根据操作员命令输出，或自动输出。操作员可选择要打印的报告类型。

六、历史数据存档和查询

历史数据存档功能连续记录一段时间的历史数据。保存的数据包括系统参数、开关量状态、模拟量值、脉冲累计量、计算结果，以及报警、事件记录。历史数据存档允许采用统计存档的方式，记录一段时间的最大值、最小值和平均值。历史数据库应采用关系数据库。支持外部系统通过使用结构化查询语言（structured query language，SQL）来查询历史数据库的数据。这些数据定期归档到历史数据库中。历史数据库不对之前的任何数据进行删除，且能够对之前所有的数据进行统计分析。

操作员可以查询历史数据，进行分析（如对给定类型的设备在用户定义时间段内统计事件数量）。操作员可以按照时间、数值和设备名对历史数据过滤。

七、历史趋势记录

趋势显示主要用于监视模拟量变化趋势，表现形式通常有曲线和数字两种。数字方式直接显示各个时刻监视量的数值。操作员可以指定按跟踪方式显示还是按历史方式显示。跟踪方式下，画面总是保持最近的一部分历史数据，并跟踪以后的变化曲线或数据，当画面填满时，已显示的曲线或数据平移后继续跟踪。历史方式是显示指定时间范围内的历史值，通过翻页，可以查询历史数据库保存范围内任意历史时间内的历史曲线。在线检测数据由门禁网管系统采集、处理及存储，并上传给安防集成平台。

知识单元五　系统软件功能

一、组态软件功能

组态软件具备在线组态功能，支持开放的、符合开放数据库连接（open database connectivity，ODBC）特征的数据库，并能与编程软件及其他的专业数据库软件共享数据库。

组态软件具备强大的外部设备连接能力，支持所有类型的 ActiveX、OLE（Activex 的前身），集成 COM/DCOM、OPC 等先进的现代软件技术，内置多种通用流行产品的驱动程序，兼容多种第三方硬件产品；可自动采集、储存历史数据，分析过程趋势。

组态软件具有报警及信息管理，提供报警区域选择、报警过滤等功能，具备完善的权限保护功能，确保所有操作人员只能在其自身权限内操作；并可以进行时间事件及间隔的数据抽取。支持实时报表功能以及数学及逻辑运算和扩展编程功能。

二、数据库软件功能

数据库软件支持分布式结构。分布式数据库结构可任意组建各种规模的企业应用，具有高可靠性和数据的完整性以及灵活的扩展结构，可满足用户的各种需求。

实时数据库是单独的进程，可以与人机界面分离运行，保证数据处理的实时性，具有强大的报警管理功能，可以方便地查询报警和事件，支持 OPC、DDE、ODBC、ActiveX 等标准，可以从相关系统中读写过程数据。

数据库用于储存历史数据。数据应包括所有的模拟、逻辑及脉冲等 I/O 信息及中间量信息，可容纳不少于 12 个月的原始历史数据记录，数据以模拟、数字、脉冲及事件形式等为基础数据。所有数据均可于系统内各监视画面上显示及报告，数据库具备一定的权限限制功能，可根据使用者的权限分级供其使用，并具有高速的数据存储和检索性能，操作人员可以方便地完成数据查询、数据输入、制定报表、打印报表等工作。数据的查询方式可采用条件查询、模糊查询、组合查询等多种查询方式。

知识单元六　门禁系统性能

一、门禁系统基本性能

工作站保证所有被更新的图形和数据在有关显示器的切换时间少于 1 s。当电源供应中断后，在恢复运作时，门禁控制器、就地控制器及网络通信设备能自动重新启动，并在 30 s 内恢复正常运行。

门状态变化上传时间不大于 2 s，上传时间是指从门状态变化开始，到车站级安防集成平台工作站屏幕更新为止的时间。门控制命令响应时间不大于 2 s，响应时间是指从车站级安防集成平台工作站上发出控制命令开始，到门锁执行控制命令为止的时间，系统的时钟与全线时钟系统保持一致。

控制系统的硬件设备具有一定的先进性、开放性。保证所提供的产品，在十年内不被淘汰或可以用同类型产品代替，且不需要改变其他相关设备的硬件和软件，并保证设备的兼容性。系统提供足够量的备品备件，保证系统的正常运行。ACS 的硬件、软件具备故障诊断、在线修改和离线编辑功能。ACS 设备必须安全可靠，适应全天候 7×24 h 不间断工作的要求。

二、门禁系统电磁兼容性

ACS 的所有设备在外界电磁场和静电干扰下，不会出现任何扰动，所有设备具有抗电磁干扰能力，其抗电磁干扰及设备可抵抗无线电频率能力满足国家相关的标准和规范要求。

三、门禁系统的指标要求

1. 可靠性

门禁系统通过利用如下的技术降低系统故障概率和有关影响正常运行的随机性：设备冗余，使用已证明具有高可靠性的元件。

2. 可维护性

门禁系统包括适当的测试点及诊断措施。

3. 可扩展性

门禁系统是可扩展的，能适应未来系统扩展的需要。在进行系统扩展时，任何硬件、软件或数据的更新都不能影响系统的正常运作。

4. 相关要求

平均无故障更换次数：MSBF≥100000 次。

平均无故障运行时间：MTBF≥44000 h。

平均故障恢复维修时间：MTTR≤30 min。

课后习题

一、填空题

1. 车站级（　　）在规定时间间隔内与门禁就地级设备进行一次时钟同步。

2. 系统通过多层（　　）来实现实时监控，可在图上显示每个门的开、关、报警等情况。

3. 就地级设备在与车站级设备的通信中断情况下，处于离线状态工作，同时具有（　　）功能，且离线后重新在线时，离线的信息可以重新上传到车站级设备。

4. 门状态变化上传时间不大于（　　）s。上传时间是指从门状态变化开始，到车站级安防集成平台工作站屏幕更新为止的时间。

5. 工作站保证所有被更新的图形和数据在有关显示器的切换时间少于（　　）s。

二、简答题

1. 请简述门禁系统的工作模式。
2. 门禁系统的在线监测功能都包含哪些？
3. 请简述门禁系统的可靠性、可维修性、可扩展性的指标要求。

项目五
门禁系统的基本操作

思政课堂

北京地铁开启"全自动运行"时代——"无人值守"刷新纪录

北京地铁燕房线,是我国第一条拥有自主知识产权的全自动运行轨道交通线路,搭载了我国自主研发的城市轨道交通全自动驾驶系统。燕房线整体平稳,各项指标在北京地铁路网所有线路中表现优异。

从无到有,困难可想而知。研发自主基于通信的列车自动控制系统(communication based train control system,CBTC),是破局的第一招。地铁建设单位牵头组织,汇集行业各方力量进行技术研发。2010年亦庄线顺利开通,使中国成为继德国、法国、加拿大之后,第四个掌握CBTC核心技术并一次顺利开通的国家。

有了自主CBTC,全自动系统也迈入研发期。2017年底,中国第一条拥有自主知识产权的全自动运行线路北京地铁燕房线通车。2021年6月,燕房线列车实现最高等级"无人值守"全自动运行。

项目概述

城市轨道交通门禁系统由于各线路设备厂家、设备型号的不同,导致人机界面操作软件存在很大差异,本项目以郑州地铁2号线门禁系统Axiom设备为例,为大家讲解工作站、服务器的界面以及门禁授权的操作方法。

根据GB 51151—2016《城市轨道交通公共安全防范系统工程技术规范》要求,后续新建线路门禁系统界面集成于安防集成平台内,不再独立设置操作界面。但是软件界面需实现的操作功能并无差别,大家可以通过本项目的学习触类旁通,对门禁系统软件操作平台的功能界面有一个良好的认知。

城市轨道交通**门禁系统**

学习目标

1. 知识能力目标

(1) 熟悉门禁工作站的基本操作方法。

(2) 掌握门禁系统中央级数据库的备份操作方法。

(3) 掌握门禁系统授权的操作方法。

2. 素质目标

(1) 建立规范操作的职业素养,增强协作意识,树立团队精神。

(2) 了解轨道交通领域无人驾驶的重要突破,树立民族自信。

任务一　门禁工作站的基本操作

一、登录界面

AxiomV 客户窗口的操作及所有系统功能都能在客户窗口中执行（允许授权的用户操作），客户窗口可以根据用户的爱好自由定制。

在桌面上打开软件，正确输入账号、密码、数据服务器。详见图 5-1-1、图 5-1-2。

图 5-1-1　软件图标

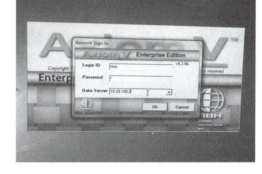
图 5-1-2　登录界面

二、用户界面

登录软件后显示 Axiom V 报警监视界面。详见图 5-1-3。

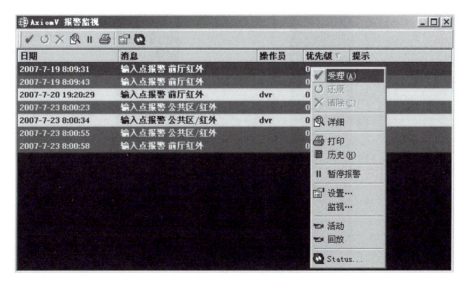
图 5-1-3　软件界面

1. 菜单和工具栏

菜单和工具栏详见图 5-1-4。

图 5-1-4 菜单和工具栏

2. 模块选择器

模块选择器有两个标签：系统状态和数据库（图 5-1-5，图 5-1-6）。在系统状态下，操作员可以选择哪些项目在系统状态面板里显示。这个选择器和系统状态菜单一样，列出了网络，NC100，设备控制器，门禁点，输入点，输出点，门禁点组，输入组和输出组。

数据库标签赋予操作员访问的数据库菜单下的所有数据库模块，包括：持卡人，门禁级别，操作员，操作员简档，时间表，假日，区域，消息，Axiom 链接，组码，门禁点组，输入组，输出组和硬件设置。

开关在系统状态项和数据库项之间切换，点击模块选择器底部的"数据库"框，数据库框将移到顶部，同时显示出数据库项。如要切换回系统状态项目，点击模块选择器顶部的"系统状态"框，数据库框将移到底部，同时显示出系统状态项目。

图 5-1-5 系统状态　　图 5-1-6 数据库

在屏幕上，如果不能显示所有项目，可以点击向上和向下按钮查看。

3. 事件浏览器

事件浏览器(图5-1-7)显示发生过的事件消息，这些事件过后可以在历史报告里查看。可以设置每个操作员要显示的消息。

日期	消息	设备	持卡人	控制器
2004-3-12 14:38:49	输出点关闭	输出2		NC100 1
2004-3-12 14:38:50	输出点关闭	输出3		NC100 1
2004-3-12 14:38:51	输出点关闭	输出4		NC100 1
2004-3-12 14:38:52	输出点关闭	输出5		NC100 1
2004-3-12 14:38:53	输出点关闭	输出6		NC100 1
2004-3-12 14:38:54	输出点关闭	输出7		NC100 1
2004-3-12 14:38:55	输出点关闭	输出8		NC100 1
2004-3-12 14:40:50	输入点报警	A红外		NC100 1
2004-3-12 14:40:50	输出点打开	输出1		NC100 1
2004-3-12 14:40:55	输入点恢复	A红外		NC100 1
2004-3-12 14:40:55	输出点关闭	输出1		NC100 1
2004-3-12 14:56:18	门禁接受：刷卡	A门	test (190)	NC100 1
2004-3-12 14:56:20	门禁接受：刷卡	B门	test (190)	NC100 1

图5-1-7 事件浏览器

在事件窗口的任何地方右击，可激活如下弹出菜单，如图5-1-8所示。

图5-1-8 弹出菜单

4. 系统状态窗口

系统状态窗口(图5-1-9)用来显示选择组(如：输入、输出、门禁点)当前项的状态，操作员能发送命令到显示项，也能修改其配制和监控参数。可以发送命令到单个项或一组项。点击项目后右击，弹出命令菜单，在命令菜单上执行相应的操作。

设备控制器

半固定

描述	类型	状态	设备地址	NC100名称	网络名称
RC1	RC-2	在线 · 正常	1	2-1NC	2号工作站
RC2	RC-2	在线 · 正常	2	2-1NC	2号工作站
RC3	RC-2	在线 · 故障	3	2-1NC	2号工作站
RC4	RC-2	在线 · 正常	4	2-1NC	2号工作站
RC5	RC-2	在线 · 正常	5	2-1NC	2号工作站
RC6	RC-2	在线 · 正常	6	2-1NC	2号工作站
RC7	RC-2	在线 · 正常	7	2-1NC	2号工作站
RC8	RC-2	在线 · 正常	8	2-1NC	2号工作站

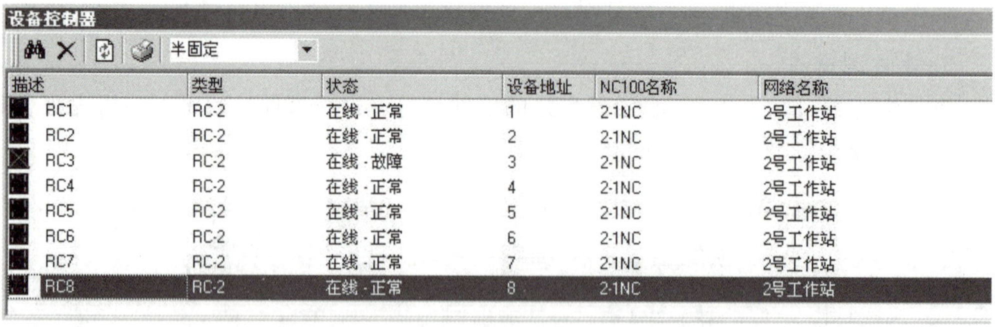

图 5-1-9　系统状态窗口

三、系统监视与控制

操作员可以查看系统中每一个项目的状态，并在这些项目上执行命令，也可以从模块选择器、菜单或工具条上选择。系统监视与控制如图 5-1-10 所示。

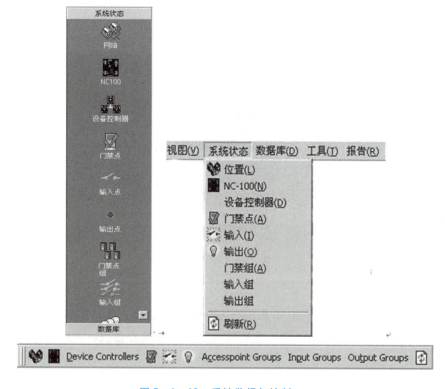

图 5-1-10　系统监视与控制

1. 搜索设备窗口

搜索设备窗口如图 5-1-11 所示。

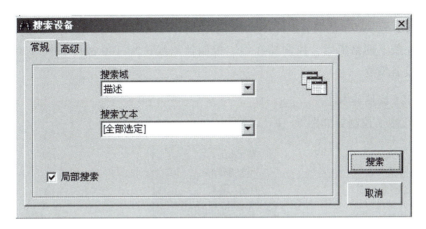

图 5-1-11　搜索设备窗口

（1）搜索域：选择要搜索的字段。开始搜索时所在的窗口位置不同，可以选择的条件也可能不同。如在网络进行搜索时可选的域与在门禁点进行搜索时可选的域是不同的。

（2）搜索文本：可以直接键入或从下拉清单中选择你要搜索的关键字。

（3）局部搜索：局部搜索将搜出在域字段中任意部分包含搜索文本的项目（如："net"将找到"direct network"）。如果要进行完全符合搜索，请不要选中此项。

（4）搜索：点击搜索将按选定的条件执行搜索。

2. 网络窗口

网络窗口如图 5-1-12 所示。

右击网络窗口弹出命令菜单，如图 5-1-13 所示。

图 5-1-12　网络　　　　　　　　图 5-1-13　命令菜单

(1)设置。

选择配制进入选择项的属性窗口。

(2)监视。

下面列出了 NC100 的所有事件，如事件发生时，可以设置触发报警或发送 ASCII 消息。

网络在线、网络离线、控制器在线、控制器离线、NC100 故障、NC100 恢复、设备故障、设备恢复。

3. NC100 网络控制器

NC100 网络控制器如图 5-1-14 所示。

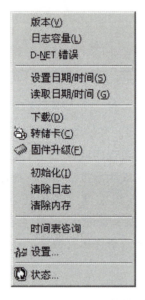

图 5-1-14　NC100 网络控制器

(1)版本：显示 NC100 的硬件版本号。

(2)日志容量：显示 NC100 的总内存，它表示网络没有连接电脑时，可存放事件消息的数量。

(3)D-Net 错误：显示 NC100 的设备错误数。

(4)设置日期/时间：设置更改的 NC100 的日期和时间。

(5)读取日期/时间：显示 NC100 的当前日期和时间。

(6)下载：将所有数据库文件传送到选择的 NC100。

(7)初始化：初始化所有选择的 NC100 微处理器。

(8)清除日志：删除选择的 NC100 日志缓存中所有的消息。

(9)清除内存：删除 NC100 RAM 中所有数据，这些数据包含所有数据库文件和日志消息。

(10)时间表咨询：返回所有选择的 NC100 的时间表状态。

(11)设置：选择设置进入已选项的属性窗口。

(12)状态。NC100 状态如图 5-1-15 所示。

图 5-1-15　NC100 状态

4.RC-2-I设备控制器

RC-2-I设备控制器如图 5-1-16 所示。

图 5-1-16　RC-2-I设备控制器

(1)电池测试：选择电池测试可立即测试所有选择设备的电池状态。

(2)设置：门禁控制器和输入输出控制器属性窗口的详细信息需咨询高级管理员后方可修改。

(3)状态：RC2(RC2-I)门禁控制器，如图 5-1-17 所示。

图 5-1-17　RC2(RC2-I)门禁控制器

5. 门禁点

门禁点如图 5-1-18 所示。

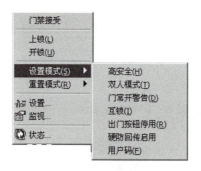

图 5-1-18　门禁点

6. 输入点

右击输入点图标，弹出命令菜单(图 5-1-19)。

图 5-1-19　命令菜单

7. 输出点

右击输出点图标,弹出窗口如图 5-1-20 所示。

图 5-1-20　右击输出点弹出窗口

8. 报警信息处理

当系统有警情时,报警信息自动传送到报警监视窗口。操作人员可以右击相应报警信息对报警事件进行受理、清除、还原等操作,如图 5-1-21 所示。

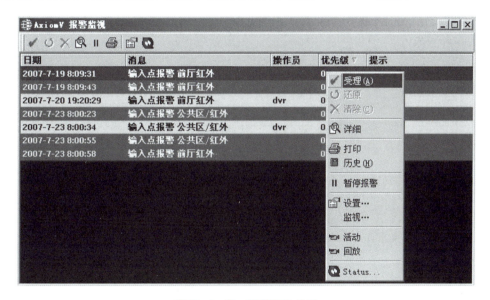

图 5-1-21　报警信息处理

(1)受理：处理报警,第一步是要受理报警。在受理报警后,报警信息将显示成绿色。

(2)还原：操作员只有在受理报警后才能清除报警。如需其他操作员受理报警,必须先还原报警,其他操作员才能受理。

(3)清除：清除是处理报警的最后一步操作。当报警被清除后,相关报警记录都已保存。报警报告可以在历史报告里生成。

四、事件历史报告

1. 开启事件历史报告

历史报告设计器可以在报告菜单中启用或在工具条按钮上启用。进入历史报告，系统默认选择"总体报告"，这个报告包含了所有事件的日志消息。日期默认从上午00:00:01到下午23:59:59，在历史窗口的选择列表中有九个事件历史报告可供选择。

操作人员可以在列表中选择限制报告的消息种类，指定项目种类（如：部门或持卡人），可以使用日期、时间选择器限制时间范围，可在排序标签里定义报告的排序规则。在排序标签，最多可选择五个排序域，从列表中选择域去排序，然后选择排序的方式（升序或降序）。完成后，将根据设置的参数生成报告。

2. 常规窗口

常规窗口如图5－1－22所示。

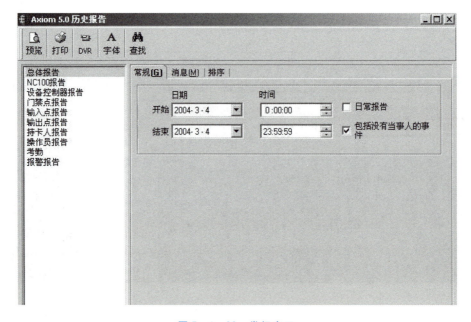

图5－1－22　常规窗口

（1）预览：预览报告将在屏幕上显示报告，在预览窗口里，报告可以打印或导出。

（2）打印：不预览报告直接输出到打印机。

（3）字体：点击字体按钮后，将弹出一个字体选择窗口，可从提供的列表中选择字体。

（4）查找：点击查找按钮将弹出搜索窗口，使用搜索窗口可查找在报告中列出的项目。

(5)日期和时间选择器：选择要打印的开始日期和时间或结束日期和时间，在下拉浏览中选择需要的日期，使用数字调节按钮设置需要的时间，或直接在日期、时间框中输入相应内容。

(6)日常报告：日常报告功能包含一个详细的时间，例如：一天中上午 8：00：00 进入，下午 17：00：00 离开。首先选择起始和结束日期和时间，然后在窗口上选择日常报告选项。

3. 消息窗口

消息窗口如图 5-1-23 所示。

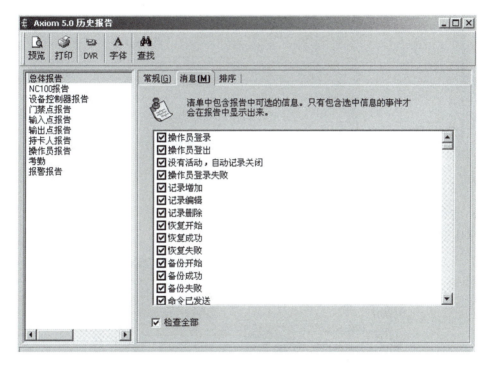

图 5-1-23 消息窗口

在消息窗口可选择消息类别和日期/时间参数。消息类别可以在消息标签里定义，点击检查框选择或反选消息。报告只显示所选消息的事件。

4. 排序窗口

排序窗口如图 5-1-24 所示，提供了选择排序域的窗口（可以选择升序或降序）。每个报告最多可选择五个排序域。选择后，报告将从第一个域开始排序，如果设置了其他排序域，则依此顺序进行排序。

城市轨道交通**门禁系统**

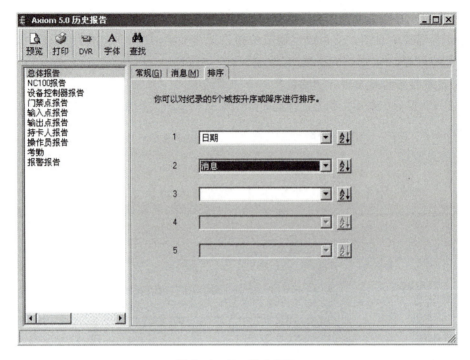

图 5-1-24 排序窗口

5. 字体窗口

字体窗口如图 5-1-25 所示。

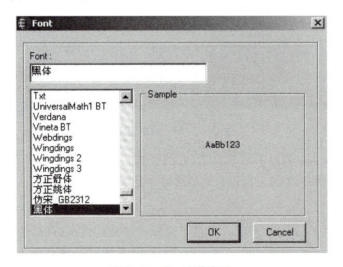

图 5-1-25 字体窗口

字体可在数据库报告或事件历史报告中选择。选择字体后，将应用到所有报告，如不进行更改，选择的字体一直有效。因此不同的客户机可选择不同的字体。

任务二　中央级数据库备份

一、登录客户端软件

首先打开门禁软件的快捷键，选择"备份"选项如图5-2-1所示，然后输入账号密码进行登录，其中Login ID指账号，Password指密码，Data Server指本计算机名称，选择"马上运行"选项，如图5-2-2所示。

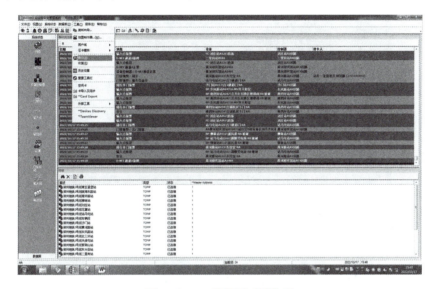

图5-2-1　选择"备份"选项

图5-2-2　选择"马上运行"选项

城市轨道交通**门禁系统**

二、数据库备份

具体操作步骤如下：菜单栏工具(T)→备份(B)→马上运行→下一步→全选→下一步→备份的路径地址→下一步→开始→完成，如图5-2-3、图5-2-4、图5-2-5所示。

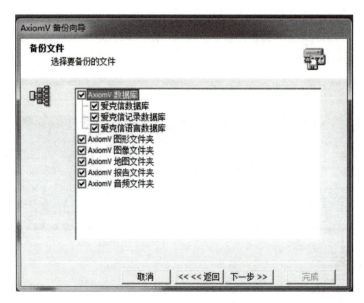

图5-2-3 选择备份文件(全选)

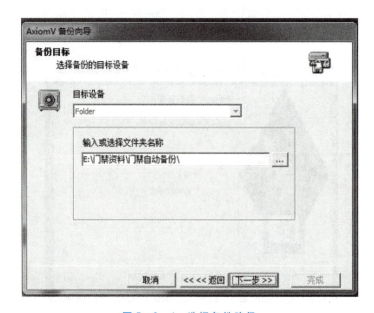

图5-2-4 选择备份路径

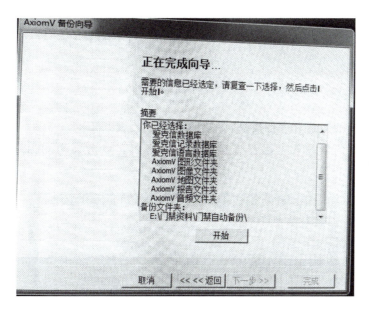

图 5-2-5 确认信息开始备份

城市轨道交通**门禁系统**

任务三 门禁授权操作

一、单个人员门禁授权

对单个人员的门禁卡进行授权，采用单个门禁授权方式。

首先，进行门禁授权，远程连接至中心服务器，点击桌面图标，如图5-3-1所示。

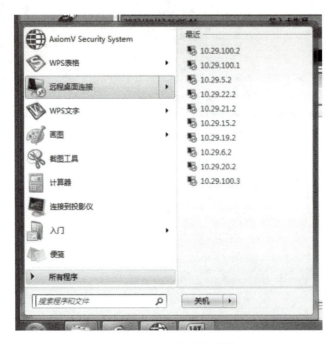

图5-3-1 远程桌面连接

选择远程桌面连接，如图5-3-2所示。

图5-3-2 选择远程桌面连接

输入用户名和密码,如图5-3-3所示。确定远程桌面连接,如图5-3-4所示。

图5-3-3 输入用户名和密码

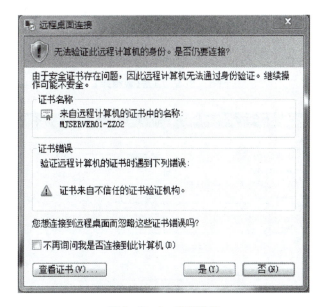

图5-3-4 确定连接

输入后点击确定,登录至中心服务器。需要授权的时候采用以下权限。

进入页面后点击【数据库】,如图5-3-5所示。

点击"持卡人",弹出对话框,如图5-3-6所示。

点击新建,填写卡编号(物理卡号)、名(姓名)、姓(填写科室及岗位)、门禁级别、部门信息。

城市轨道交通**门禁系统**

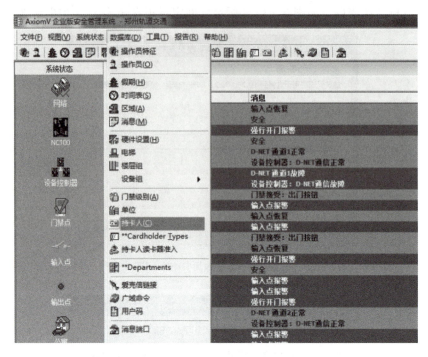

图 5-3-5　点击【数据库】

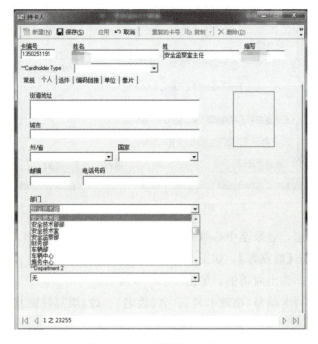

图 5-3-6　填写持卡人信息

选择【部门】，如图 5-3-7 所示。选择门禁级别，如图 5-3-8 所示。

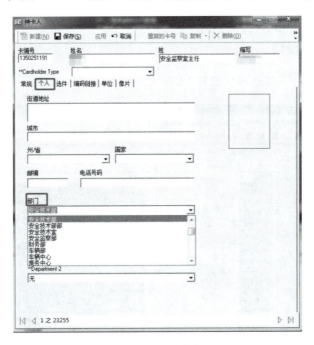

图 5-3-7 选择【部门】

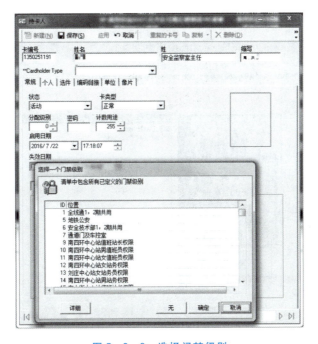

图 5-3-8 选择门禁级别

城市轨道交通门禁系统

门禁级别根据所在专业进行选择，填写完成后点击"保存"按钮。此时单个人员门禁授权完成。

二、门禁批量授权

点击"工具"，在下拉选项中选择"卡导入及同步"选项，如图 5-3-9 所示。

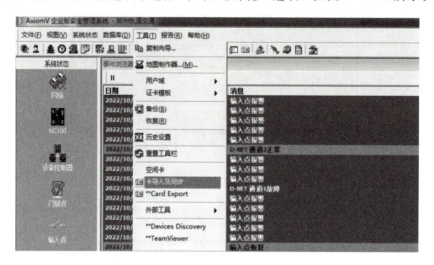

图 5-3-9　卡导入及同步

直接点击【Next】，如图 5-3-10 所示。

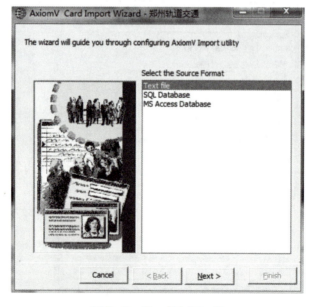

图 5-3-10　点击【Next】

· 100 ·

点击下图标中红色方框，选择需要导入的表格，这个表格需要提前做好，如图 5-3-11 所示：

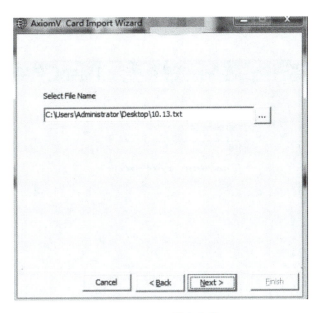

图 5-3-11 导入表格

图 5-3-12 为之前做好的表格，主要内容包括：部门、科室和岗位、姓名、卡号、门禁级别。相关信息首先做成表格形式，最后保持为文档(txt)格式。

客运部	客运部部长	1350253835	70
客运部	客运部副部长	1350253646	70
客运部	客运部副部长	1349015602	70
客运部	客运部客运部党委	1349013101	70
客运部	客运部副部长	1350253325	70
客运部	安全技术室副主任	1350253836	70
客运部	安全技术室副主任	1350253838	70
客运部	安全技术室综合管理岗	1350261803	70
客运部	安全技术室行车技术岗	1350254894	70
客运部	安全技术室行车技术岗	1350250010	70
客运部	安全技术室委外管理岗	1349012698	70
客运部	安全技术室质量安全岗	1350261879	70
客运部	安全技术室质量安全岗	1350258053	70
客运部	安全技术室质量安全岗	1350256492	70
客运部	安全技术室客伤管理岗	1350250110	70
客运部	安全技术室客运服务岗	1349015621	70
客运部	安全技术室客服技术岗	1350253322	70
客运部	安全技术室客服技术岗	1350253129	70
客运部	安全技术室客服技术岗	1350253137	70

图 5-3-12 文档(txt)格式

直接点击【Next】，在表格中根据刚才导入的 txt 文档的顺序进行如下选择，部门是第一个(将 Department 选择为 Field0)，姓名是第二个(将 Firstname 选择为 Field1)，

城市轨道交通**门禁系统**

科室和岗位是第三个(将 Lastname 选择为 Field2),卡号是第四个(将 CardNumber 选择为 Field3,并且在后面方框中打对勾,表示卡号是唯一的,其余可以出现重复),门禁级别是第五个(将 Access Level 选择为 Field4),如图 5-3-13、图 5-3-14、图 5-3-15 所示。

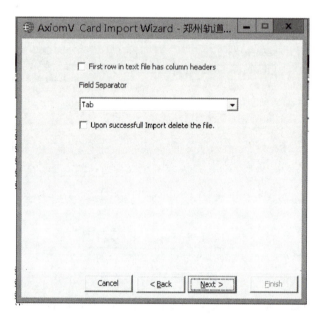

图 5-3-13　点击【Next】(一)

图 5-3-14　选择选项 1

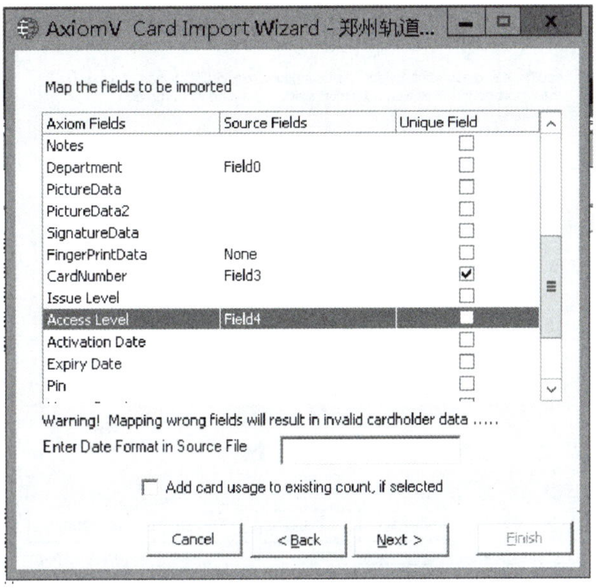

图 5-3-15　选择选项 2

直接点击【Next】,如图 5-3-16 所示。

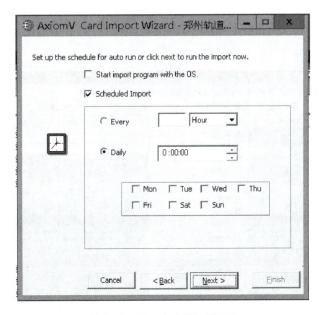

图 5-3-16　点击【Next】(二)

最后点击【Run】,即开始门禁授权。完成后点击【Finish】,此时门禁批量授权完成,如图 5-3-17 所示。

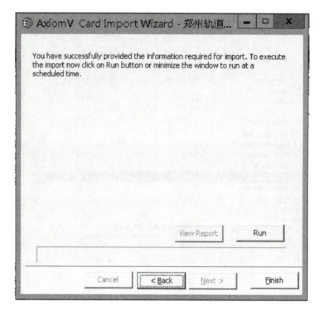

图 5-3-17 点击【Run】

三、门禁权限查看

首先通过个人门禁授权信息查看该员工的门禁级别。点击持卡人选项如图 5-3-18 所示。

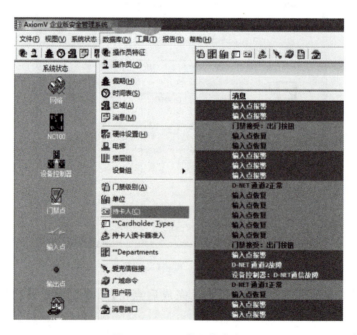

图 5-3-18 点击持卡人

点击门禁级别,可查看该门禁级别中是否包含设备房门禁权限。点击【数据库】选择"门禁级别",如图 5-3-19、图 5-3-20 所示。

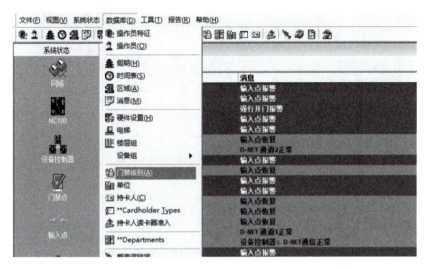

图 5-3-19　查看门禁级别

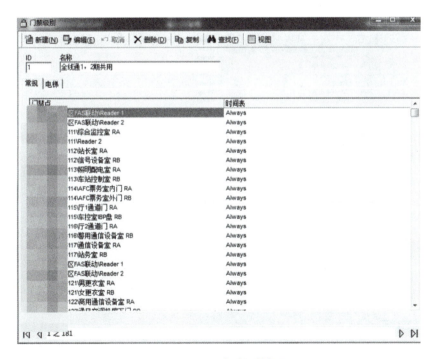

图 5-3-20　查看门禁权限

点击【查找】选择搜索,找到对应的门禁级别,点击搜索,可在对应的门禁级别中查找该级别门禁权限是否包含该设备房门禁,如图 5-3-21、图 5-3-22 所示。

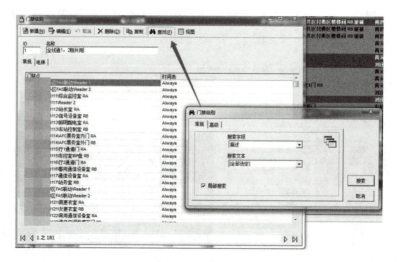

图 5-3-21 搜索门禁级别

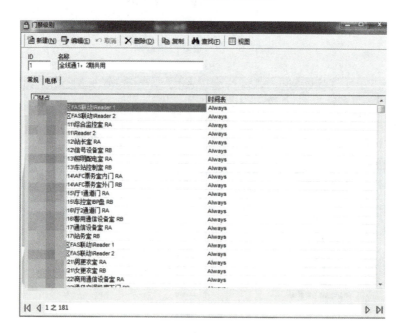

图 5-3-22 查看门禁权限

课后习题

1. 请简述门禁系统中央级数据库备份的操作步骤。
2. 请简述门禁系统批量授权的操作步骤。

项目六
常用检修工器具

思政课堂

中国工程院院士施仲衡讲述：我为地铁工作的六十年

结缘新中国第一条地铁，1950年我高中毕业，受舅舅陈昌言（南京长江大桥建设指挥部总工程师）的影响，选择了素以"门槛高，基础厚，知识宽，治学严"著称的中国交通大学唐山工学院（现西南交通大学），进入桥梁隧道系就读。大学期间，正值抗美援朝，我响应国家号召，成为抗美援朝工程队的一员，开赴朝鲜前线。

1959年，立志报效祖国，回国之后，我在唐山铁道学院（现西南交通大学）任教的同时兼任北京地铁建设和设计单位的顾问。这段任教时光虽不长，但培养了一大批日后为国家地铁事业做出贡献的学生，其中之一就有日后在隧道及地下工程领域建树颇丰的王梦恕院士。至今他们虽都已满头白发，但见面还都亲切地喊我施老师。

在之后五十多年的工作生涯中，我一直希望把我在城市轨道交通方面的知识和经验都传授给大家，并在努力探索，希望为我国的轨道交通事业做出更多的贡献。我在地铁建设上做了些开创性的尝试工作：提出必须重视和做好项目前期工作；创办我国第一本《地铁与轻轨》杂志；首创了地铁工程设计监理制度；提出进行地铁近期建设规划编制工作；推动和支持多制式示范工程的建设；主持国家中长期科学技术发展规划课题；主持国家课题"新型城市轨道交通技术"；提出重视质量和安全问题；推动核心技术的国产化；筹备成立中国城市轨道交通协会等等。

50多年来，我担任多个城市的地铁建设专家顾问组长，获得过无数奖励。但是对于我来说，最大的荣誉和奖励莫过于在自己有生之年看到自己曾经的梦想开花结果，看到城市轨道交通事业的蓬勃发展。这一步一个脚印，就像盾构机一寸寸地推进，正是无数位地铁建设者汇聚的力量，开创了中国轨道交通事业今天和未来的辉煌。

城市轨道交通**门禁系统**

项目概述

工欲善其事，必先利其器，在门禁系统的日常维护与故障维修中，要想事半功倍，提高工作效率和巡检质量，首先应具备的基本技能就是掌握检修工器具的使用方法。作为门禁系统的维护人员，必须要掌握以下常用工器具的使用：数字万用表、钳形表、兆欧表、网线钳、网线测试仪、光纤导通笔、光功率计等。

学习目标

1. 知识能力目标

（1）掌握数字万用表、钳形表、兆欧表等电气检测工器具的使用方法及注意事项。

（2）掌握网线钳、网线测试仪、光纤导通笔、光功率计等网线制作及网络测试工器具的使用方法及注意事项。

2. 素质目标

（1）培养艰苦奋斗的敬业精神，脚踏实地的工作态度。

（2）建立规范操作的职业素养，增强协作意识，树立团队精神。

任务一 数字万用表

一、概述

数字万用表是一种多用途电子测量仪器,一般包含安培计、电压表、欧姆计等功能,有时也称为万用计、多用计、多用电表或三用电表。

数字万用表有用于基本故障诊断的便携式装置,也有放置在工作台的装置,有的分辨率可以达到七八位。

数字万用表可以有很多特殊功能,但主要功能就是对电压、电阻和电流进行测量,数字万用表作为现代化的多用途电子测量仪器,主要用于物理、电气、电子等测量领域。

常用的数字万用表如图6-1-1所示。

图6-1-1 数字万用表

二、使用方法

1. 电压的测量

万用表调整为电压挡及适当量程,万用表并联在电路中("V—"表示直流电压挡,"V~"表示交流电压挡)。数值可以直接从显示屏上读取,如图6-1-2所示。

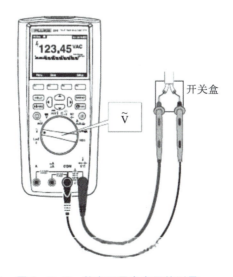

图6-1-2 数字万用表电压的测量

2. 电流的测量

将数字万用表调整为电流挡及适当量程，数字万用表串联在电路中（"A−"表示直流电流挡，"A～"表示交流电流挡）。数值可以直接从显示屏上读取，如图6-1-3所示。

图6-1-3 数字万用表交流电流的测量

需要特别指出的是，如果误用数字万用表的电流挡测量电压，很容易将万用表烧坏。因此，在先测电流后，再测电压时要格外小心，注意随即改变转盘和表笔的位置。

3. 电阻的测量

将数字万用表调到欧姆挡"Ω"及选择适当量程，万用表与被测电阻并联，待接触良好时读取数值，如图6-1-4所示。

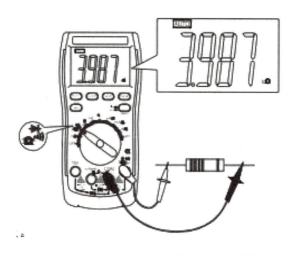

图6-1-4 数字万用表电阻的测量

4. 二极管的测量

将万用表调到二极管挡，用红表笔接二极管的正极，黑表笔接负极，两表笔与被测二极管并联，这时会显示二极管的正向压降。利用二极管挡测试对地阻值判断电路是否开路、短路。数字万用表二极管的测量如图6-1-5所示。

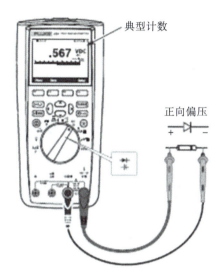

图6-1-5　数字万用表二极管的测量

5. 通断

通断就是通过快速电阻测量来区分开路或短路。

带有通断蜂鸣的数字万用表，通断测量更加简单、快捷。当测到一个短路电路时，万用表会发出蜂鸣，所以在测试时无须看表。不同型号的数字万用表有不同的触发电阻值。

三、使用注意事项

(1)当无法预先估计待测电压或电流大小的时候，请将旋钮调至最高量程，简单测量一下，然后根据测量结果调至合适量程。

(2)在测量时，不能旋转功能开关，特别是高压大电流时，严禁带电转换量程，以防烧毁开关触点。

(3)数字万用表严禁受潮进水。

(4)在测量时，不能用手触摸表笔的金属部分。因为人体也是导体，会分走一部分电信号，导致测量数据失真，同时影响人身安全。

任务二　钳形表

一、概述

电工常用的钳形电流表，简称钳形表，可在不断电的情况下测量电流，如图6-2-1所示。

图6-2-1　钳形表

二、使用方法

1. 测量电阻

（1）测量电阻时，将钳形表的表笔分别插入表笔插孔中，红表笔插入"VΩ"端口，黑表笔插入公共端"COM"端口。

（2）将钳形表的量程调整至测量电阻挡。

（3）将钳形表的红、黑表笔分别连接在电阻器两端，此时即可检测该电阻器的电阻值，根据液晶显示屏的显示数值读数，得出电阻值。

2. 测量电流

使用钳形表检测电源线上流过的电流时，电源线的地线、零线和火线不能同时测量，只能将电源线中的火线（或零线）单独放在钳形表的钳口内，方可检测出电源线上流过的电流。

3. 测量交流电压

（1）测量交流电压时，将钳形表的表笔分别插入表笔插孔中，红表笔插入"VΩ"端口，黑表笔插入公共端"COM"端口。

（2）使用钳形表检测电压时，其方法与数字万用表相同，将钳形表并联接入被测电路中，并且在检测交流电压时，不用区分电压的正负极。

4. 测量直流电压

在使用钳形表测量直流电压时，将钳形表的量程调整至直流电压挡，并且在检测时需要考虑电压的正负极之分，即红表笔（正极）连接电路中的正极端，黑表笔（负极）连接负极端。

三、使用注意事项

(1)被测线路的电压要低于钳形表的额定电压。
(2)测高压线路的电流时，要戴绝缘手套，穿绝缘鞋，站在绝缘垫上。
(3)钳口要闭合紧密不能带电换量程。
(4)当电缆有一相接地时，严禁测量。防止出现因电缆头的绝缘水平低发生对地击穿爆炸而危及人身安全。

任务三　兆欧表

一、概述

兆欧表是专供检测电气设备、供电线路绝缘电阻的一种便携式仪表。电气设备绝缘性能的好坏，关系到电气设备的正常运行和操作人员的人身安全。为了防止绝缘材料由于发热、受潮、污染、老化等原因所造成的损坏，检查修复后的设备绝缘性能是否达到规定的要求，需要经常测量电气设备的绝缘电阻。兆欧表如图6-3-1所示。

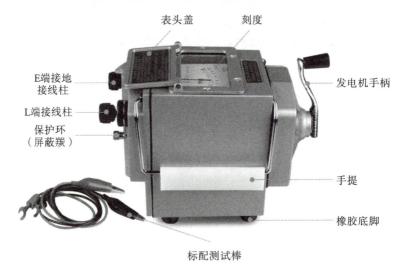

图6-3-1　兆欧表

二、使用方法

1. 兆欧表的接线

(1)兆欧表有三个接线端钮，分别标有L(线路)、E(接地)和G(屏蔽)。

(2)当测量电力设备对地的绝缘电阻时，应将L接到被测设备上，E可靠接地。

2. 兆欧表的检测

(1)开路试验。在兆欧表未接通被测电阻之前，摇动手柄使发电机达到120 r/min的额定转速，观察指针是否指在标度尺"∞"的位置，如图6-3-2所示。

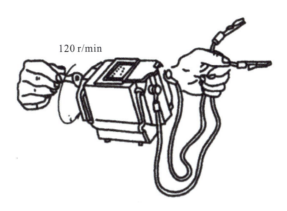

图 6-3-2　兆欧表开路试验

（2）短路试验。将端钮 L 和 E 短接，缓慢摇动手柄，观察指针是否指在标度尺的"0"位置，如图 6-3-3 所示。

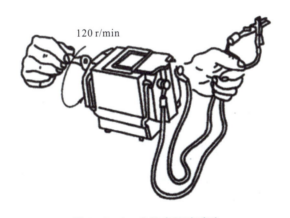

图 6-3-3　兆欧表短路试验

三、使用注意事项

（1）观测被测设备和线路是否在停电的状态下进行测量，并且兆欧表与被测设备间的连接导线不能用双股绝缘线或绞线，应用单股线分开单独连接。

（2）将被测设备与兆欧表正确接线，摇动手柄时应由慢渐快至额定转速 120 r/min。

（3）正确读取被测绝缘电阻值的大小。同时，还应记录测量时的温度、湿度、被测设备的状况等，以便于分析测量结果。

（4）兆欧表未停止转动之前或被测设备未放电之前，严禁用手触及，防止人身触电。

任务四 网线钳

一、概述

网线钳是用来压接网线和电话线水晶头的工具,如图6-4-1所示。

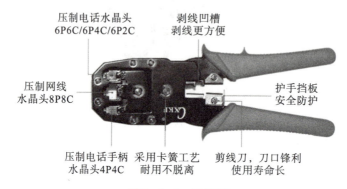

图6-4-1 网线钳

二、使用方法

使用网线钳制作水晶头可按照以下六个步骤,如图6-4-2所示。

1.将线头放入专用剪口处,稍微用力一剪

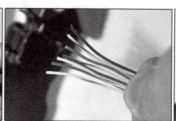

2.取出线头,线背剥开,理清线序

3.将网线剪齐

4.将网线插入水晶头,并且检查网线

5.将水晶头放入相应钳口,用力按压

6.压制水晶头完成

图6-4-2 网线钳制作水晶头

(1)把线放在网线钳缺口地方转一周,把外壳去掉。

(2)按照白橙、橙、白绿、蓝、白蓝、绿、白棕、棕的顺序排好线,剪剩下 1 cm 长度。

(3)排好线后,拿着水晶头正面向上(没有扣的一面)。

(4)顺着水晶头线槽,用力把排好的线插到位、压实。

(5)再将水晶头放到网线钳内,用力压下去,便完成制作。

(6)制作完成后需用测线仪进行测试,灯全亮表示连通、接触良好,制作完成。

三、使用注意事项

(1)网线剥去外皮时,注意不要把里面的线芯切断。

(2)要正确排列线的顺序,注意不要把线序弄错。

(3)网线插入水晶头,要让每条线的线头都能接触到金属脚上。

(4)压好后用手轻拉,如果能拉出来就是没压好,用力拉不出就算接好了。

(5)线芯的长度要合适,以水晶头能压住外皮为准,一般留 1 cm 就够了。

(6)一定要用网线测试仪进行测试,以确保网线连通、接触良好,线序正确。

任务五　网线测试仪

一、概述

网络电缆测试仪，可以对双绞线1、2、3、4、5、6、7、8、G线对逐根（对）测试，可区分判定（对）错线、短路和开路。

网线电缆测试仪包括主测试仪和远程测试端，如图6-5-1所示。

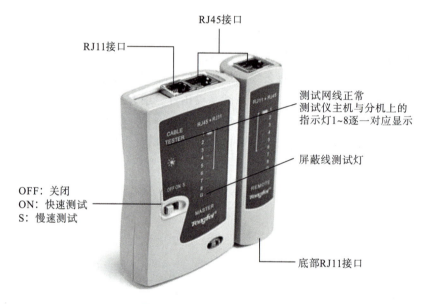

图6-5-1　网络电缆测试仪

二、使用方法

先将电源开关关闭，再将网线两端的水晶头分别插入主测试仪和远程测试端的RJ45端口，然后将开关拨到"ON"（S为慢速挡），这时主测试仪和远程测试端的指示灯就应该逐个闪亮。

（1）直通连线的测试。测试直通连线时，主测试仪的指示灯应该从1到8逐个顺序闪亮，而远程测试端的指示灯也应该从1到8逐个顺序闪亮。如果是这种现象，说明直通线的连通性没问题，否则就得重做网线。

（2）交错线连线的测试。测试交错连线时，主测试仪的指示灯也应该从1到8逐个顺序闪亮，而远程测试端的指示灯应该按照3、6、1、4、5、2、7、8的顺序逐个闪亮。如果是这样，说明交错连线连通性没问题，否则就得重做网线。

(3)若网线两端的线序不正确,主测试仪的指示灯仍然从 1 到 8 逐个闪亮,只是远程测试端的指示灯将按照与主测试连通的线号的顺序逐个闪亮。也就是说,远程测试端不能按照 1 和 2 的顺序闪亮,需要重做网线。

(4)测试过程中,当有灯未亮起,说明有连线不通,需要重做网线。

三、使用注意事项

网线插入检测仪时,要先将水晶头金属触点上的污物、锈渍处理干净,再将其插入接入口。

城市轨道交通门禁系统

任务六　光纤导通测试笔

一、概述

光纤导通测试笔也被称为红光笔、光纤断点检测笔、可见光故障定位器等。

光纤导通测试笔是以 650 nm(±20 nm)半导体激光器作为发光器件，通过恒流源驱动发射出稳定的红光，与光接口连接进入光纤，从而实现光纤故障检测功能，其中包含检测光纤连通性及光纤断裂、弯曲等故障点定位。光纤导通测试笔如图 6-6-1 所示。

图 6-6-1　光纤导通测试笔

二、使用方法

(1)把笔尾从笔身上旋下，将准备好的两节 5 号电池装入笔尾(注意电池正负极)。

(2)将笔尾与笔身连接装好，打开防尘帽，按控制开关一次，观察光接口有红光出来，同时指示发光管点亮(注意不要眼睛正对光接口，以免损伤眼睛)。

(3)再按控制开关一次，观察出光变为脉冲模式，指示发光管与出光同步脉冲(脉冲频率在 0.5~2 Hz)。

(4)再按控制开关一次，光源关闭，无光输出，同时指示发光管熄灭(开关模式为连续—脉冲—关闭—连续的循环模式)。

(5)检测时将被测光纤插入光接口，同时按控制开关，选择输出光源工作模式(连续或脉冲)。

(6)使用完毕，将防尘帽盖起，长时间不使用，请将电池取出，以免电池腐烂，损坏光源。

三、使用注意事项

(1)激光有害,尤其需要注意保护眼睛,激光器工作时,严禁眼睛直视红光。
(2)一般情况下温度越高,激光器寿命越短,使用时尽量避免高温环境。
(3)使用一段时间后,请用专用光纤清洁棉签清洁接口。
(4)使用完毕,请将防尘盖盖起防止灰尘落入。
(5)长时间不使用请将电池取出,以免电池漏液发生意外。

任务七 光功率计

一、概述

光功率计(optical power meter)(图6-7-1)是指用于测量绝对光功率或通过一段光纤的光功率相对损耗的仪器。在光纤系统中,测量光功率是最基本的,非常像电子学中的万用表。通过测量发射端机或光网络的绝对功率,一台光功率计就能够评价光端设备的性能。用光功率计与稳定光源组合使用,则能够测量连接损耗、检验连续性,并帮助评估光纤链路传输质量。

图6-7-1 光功率计

1. 性能指标

光波长范围:850~1550 nm。

光功率测量范围:-70~+10 dBm。

显示分辨率:0.01 dB。

准确度:±5%(-70~+3 dBm)。

环境条件:工作温度0~55 ℃,工作湿度≤85%。

2. 基本功能

显示方式:线性(mw/μw/nw)、对数(dBm)、相对测量(dB)。

自动功能:自动量程、自动调零、量程保持、平均处理、相对测量处理、波长校准。

3. 面板说明

DET 删除数据键:删除测量过的数据。

dBm/W REL 键:测量结果的单位转换,每按一次此键,显示方式在"W"和"dBm"之间切换。

λLD 键:作为光源模式时,1310 mm 和 1550 mm 波长转换,常用 1310 mm。

λ/＋键：6个基准校准点切换。6个基本波长校准点：850 nm、1300 nm、1310 nm、1490 nm、1550 nm、1625 nm。

SAVE/-键：储存测量数据。

LD键：光功率计与光源模式转换。

POWER键：电源开关。

二、使用方法

光功率计的"IN"口代表输入口，在光功率计的接受模式下使用此口；光功率计的"OUT"口代表输出口，在光源模式下使用此口。

1. 开机

先将电源开关置"ON"，仪器开始自检，点亮所有的发光器件，然后进入初始状态。仪器的初始状态如下。

测量方式：dBm。

测量波长：1310 nm。

量程(RH)：自动方式。

调零(ZERO)：关。

平均(AVG)：关。

2. 设定波长

开机后，仪器自动设定为1310(nm)波长。要改变测量波长，按"λ SET"键，其上方指示器发光，此时，"数码显示窗"显示其对应的波长数(nm)，每按一次该键，改变一个选定波长，同时在"数码显示窗"显示出来，其值可以在 850 nm、980 nm、1300 nm、1310 nm、1480 nm 和 1550 nm 之间循环，按"MEAS"键后便选定了最后显示的波长，同时转入测量状态。

3. 一般测量

仪器在测量状态下，可以根据使用者的习惯和测试特点选择测量数据的显示方式为"dBm"或"W"，用按"dBm/ W"键来完成，每按一次键，显示方式按"dBm"或"W"交换一次。这两种方式都是显示数据的绝对值，"dBm"是以一毫瓦为基准的对数表示值。

4. 相对测量

如果希望得到相对测量数据，如损耗测量等，可用按"dB(REL)"键来实现。先按一般测量方式(dBm)测量(得到初始值)，接着按一次"dB(REL)"键（就以按键时的当前测量值为参考点），再去测量变化了的光功率数据，则显示数据是以上一次测量的初始值为参考点的相对"dB"数。

5. 量程选择及保持

在"RH"键上方指示器不发光时为自动量程状态，即仪器根据被测光功率的大小自

动切换适合的量程。按一次"RH"键,其上方的指示器发光,表明仪器处于量程保持状态,并保持在按此键时的量程。在超量程和欠量程时,"OR"或"UR"指示器将相应地发光,而且"数码显示窗"的显示数字不断闪烁,提醒使用者应当改变适当的量程。在自动量程状态下,输入光功率超过最大量程时也出现这种现象。

三、使用注意事项

(1)任何情况下避免眼睛直视光功率计的激光输出口,对端接入光传输设备时,同样避免用眼睛直视光源,否则会造成永久性视觉烧伤。

(2)装电池的光功率计长期不用需取出电池,可充电的光功率计每个月需充放电一次。

(3)光源光功率计使用时,保护好仪表输入和输出口,每三个月用酒精棉清洁一次。

(4)仪表使用完毕后,请及时切断电源,盖上光纤接头防尘帽,保护端面清洁,防止附着灰尘而产生测量误差。

(5)小心拔插光适配器接头,不要插入非标准适配器接头及抛光面差的端面,否则会损坏传感器端面。

(6)每年校准一次,以确保测量精度。

课后习题

1. 请简述数字万用表的使用注意事项。
2. 请简述网线测试仪的使用方法。
3. 请简述光功率计的使用方法。

项目七
门禁系统维护与维修

思政课堂

沈景炎的半世纪地铁情：从北京到全国，一座座城市因地铁焕发活力

"半个世纪以来，我一直在规划、设计项目的第一线，是在最基层、最前沿的岗位上，特别是改革开放以后，我从北京走出去了，将北京地铁带向全国。退休以后，我觉得我的世界更宽广了，好像全国的地铁都在朝我招手，让我和它们一块儿努力，把我国地铁建成世界最先进的地铁！"沈景炎说。

从古城乘坐地铁1号线，列车自西向东飞驰，沈景炎深情凝望。这是他参与设计的第一条地铁线。从此，沈景炎的命运便与地铁紧紧相连。

从地铁1号线到14号线，从北京到全国，从国内到国外……半个世纪以来，沈景炎致力于轨道交通规划、设计和研究工作，见证了中国地铁的发展史，尤其是改革开放40年来的地铁变革。

沈景炎先后奔赴广州、重庆、青岛和武汉等地开拓外省市地铁项目。"我们带去了北京地铁的建设与设计经验，同时也吸取了外省市地铁设计中的新理念、新思维、新方法。"沈景炎见证了一座座城市因地铁焕发活力，一拨又一拨"地铁人"在不断挑战中加速成长。

在大量钻研、实践、总结的基础上，沈景炎带领团队攻克了一个个技术难题。1995年他们负责伊朗德黑兰地铁1号线和2号线的设计与咨询任务，成功地解决了大车过小洞的技术难题；1996年在鞍山市，将有轨电车改造为轻轨，为今后有轨电车向现代化改造留下了重要的技术储备……

 项目概述

在城市轨道交通门禁系统的日常维护中，计划修和故障修是主要的维护措施。计划修即通过制定固定的检修周期和检修项目，对系统设备进行预防性的保养及维护；

城市轨道交通**门禁系统**

故障修即系统设备出现故障后，检修人员及时赶往现场开展故障处理。本项目主要讲解了门禁系统的计划修规程，常见故障原因分析及处理办法。

学习目标

1．知识能力目标
(1)掌握门禁系统的维护周期、巡检项目及内容。
(2)了解故障的常见分析处理方法。
(3)掌握门禁系统设备的故障原因分析及处理。
2．素质目标
(1)培养爱岗敬业的品质，提升作为技术工作者的基础素质。
(2)交通强国，树立文化自信，提升民族自豪感。

任务一　门禁系统的维护管理

知识单元一　维护周期

设备定期巡检是确保系统正常运行的重要手段。通过定期巡检可以及时发现系统中存在的问题，通过及时处理问题，确保系统安全，正常运行。同时要求巡检人员认真、仔细、全面，要有高度的敏感性和责任感，及时发现问题所在。同时要求巡检人员每次巡检后都进行详细的记录。

门禁系统的维护检修周期可大致分为日巡、周巡、季检、年检。日巡侧重于设备外观检查、系统运行情况检查、网络通信状态检查、服务器运行状态远程查看、事件告警信息查看等。周巡侧重于设备外观检查、系统运行情况检查、设备表面清洁、事件告警信息查看及设备房卫生打扫等。季检侧重于工作站重启，模块箱及就地控制箱的清洁。年检重点进行关键设备的深度清洁，系统功能的测试等。

知识单元二　巡检内容

门禁系统的巡检内容主要包括：机柜、服务器、交换机、工作站、配电箱、就地控制器、门禁终端设备等。

1. 机柜

（1）机柜清洁。

①机柜外部、内部无灰尘；

②机柜无锈蚀，无掉漆。

（2）照明及散热风扇检查。

①照明工作正常；

②风扇运转正常，无异响。

（3）接地端子检查。

①接地端子安装牢靠；

②接地线连接牢固，无松脱。

（4）机柜滤网、风扇清洁。

①过滤网无堵塞；

②风扇无明显灰尘。

2. 服务器

（1）服务器工作状态检查：服务器状态、硬盘、电源、内存、网络等各指示灯显示正常，无报警。

(2)散热风扇工作状态检查：风扇运转正常，无异响。

(3)设备表面清洁：服务器表面无灰尘。

(4)设备负载检查。

①CPU负荷小于30%；

②内存占用率小于50%；

③磁盘容量使用率小于50%。

(5)时间与时钟系统校对：时间与时钟系统一致。

(6)服务器软件应用查看：服务器软件应用主备显示正常。

(7)服务器数据库运行状态查看：服务器数据库运行状态正常。

(8)设备内部清洁：服务器内部无积尘。

(9)设备冗余切换测试：服务器冗余切换过程中，系统工作正常。

3. 交换机

(1)工作状态检查：工作状态指示灯显示正常，无报警。

(2)设备表面清洁：设备表面无灰尘。

(3)设备重启：交换机重启过程中，系统工作正常，重启后该设备工作正常。

4. 工作站

(1)显示器、键盘、鼠标外观与功能检查。

①显示器显示正常；

②鼠标、键盘可正常使用。

(2)操作系统、应用软件运行状态检查。

①操作系统、应用软件可正常操作；

②系统运行状态正常。

(3)时间与时钟系统校对：时间与时钟系统一致。

(4)设备重启。

①设备重启后系统运行正常；

②查看工作站界面，对桌面文件进行清理。

(5)设备内部清洁：工作站主机内部无积尘。

5. 配电箱

(1)空开位置状态检查：空开位置正确。

(2)散热风扇检查：风扇运转正常，无异响。

(3)接地端子检查。

①接地端子安装牢靠；

②接地线连接牢固，无松脱。

(4)箱体清洁。

①箱体外部、内部无灰尘；

②箱体无锈蚀，无掉漆。

(5)箱体风扇清洁：风扇无明显灰尘。

6. 就地控制器

(1)控制器箱体外观检查：箱体外观完好，箱门关闭，箱体四角固定牢靠。

(2)控制器箱体清洁：①箱体外部、内部无积尘；②箱体无锈蚀，无掉漆。

(3)接地端子检查：①接地端子安装牢靠；②接地线连接牢固，无松脱。

7. 门禁终端设备

(1)设备固定牢靠。

(2)出门按钮开关灵活。

(3)读卡器无异响、无过热发烫、指示灯显示正常。

(4)紧急出门按钮工作正常。

城市轨道交通**门禁系统**

任务二　门禁系统的故障处理

知识单元一　故障的常见处理方法

要彻底排除故障，必须清楚故障发生的原因，要迅速查明故障原因，除不断在工作中积累经验外，更重要的是能从理论上分析、解释产生故障的原因，用理论指导自己的操作，灵活运用排除故障的各种方法。

一、故障的检修步骤

1. 观察和调查故障现象

故障现象是多种多样的。例如，同一类故障可能有不同的故障现象，不同类故障可能有同种故障现象，这种故障现象的同一性和多样性，给查找故障带来复杂性。但是，故障现象是检修电气故障的基本依据，是电气故障检修的起点，因而要对故障现象进行仔细观察、分析，找出故障现象中最主要的、最典型的方面，搞清故障发生的时间、地点、环境等。

2. 分析故障原因，初步确定故障范围，缩小故障部位

根据故障现象分析故障原因是电气故障检修的关键。分析的基础是电工电子基本理论，是对电气设备的构造、原理、性能的充分理解。故障分析是电工电子基本理论与故障实际的结合。某一电气故障产生的原因可能很多，重要的是在众多原因中找出最主要的原因。

3. 确定故障的部位，判断故障点

确定故障部位是电气故障检修的最终目的和结果。确定故障部位可理解成确定设备的故障点，如短路点、损坏的元器件等，也可理解成确定某些运行参数的变异，如电压波动、三相不平衡等。确定故障部位是在对故障现象进行周密的考察和细致分析的基础上进行的，在这一过程中，往往要采用下面将要介绍的多种手段和方法。

二、电气故障的排除方法

1. 电阻测试法

电阻测试法是一种常用的测量方法。通常是指利用万用表的电阻挡，测量电机、线路、触头等是否符合使用标称值以及是否通断的一种方法，或用兆欧表测量相与相、相与地之间的绝缘电阻等。测量时，注意选择所使用的量程与校对表的准确性，一般使用电阻法测量时通用做法是先选用低挡，同时要注意被测线路是否有回路，并严禁带电测量。

2. 电压测试法

电压测试法是指利用万用表相应的电压挡，测量电路中电压值的一种方法。通常测量时，有时测量电源、负载的电压，有时也测量开路电压，以判断线路是否正常。测量时应注意表的挡位，选择合适的量程。一般测量未知交流或开路电压时通常选用电压的最高挡，以确保不至于在高电压低量程下进行操作，以免把表损坏；同时测量直流时，要注意正负极性。

3. 电流测试法

电流测试法通过测量，判断线路中的电流是否符合正常值，以判断故障原因的一种方法。对弱电回路，常采用将电流表或万用表电流挡串接在电路中进行测量；对强电回路，常采用钳形电流表检测。

4. 仪器测试法

借助各种仪器仪表测量各种参数，如用示波器观察波形及参数的变化，以便分析故障的原因，多用于弱电线路。

5. 常规检查法

依靠人的感觉器官（如有的电气设备在使用中有烧焦的糊味，打火、放电的现象等）并借助于一些简单的仪器（如万用表）来寻找故障原因。这种方法在维修中最常用，也是首先采用的。

6. 更换原配件法

在怀疑某个器件或电路板有故障，但不能确定，且有代用件时，可通过更换原配件法，进行替换试验，观察故障是否消失。

7. 直接检查法

在了解故障原因后或根据经验，判断了出现故障的位置时，可通过直接检查法，直接检查怀疑的故障点。

8. 逐步排除法

如有短路故障出现，可逐步排除部分线路，从而确定故障范围和故障点。

9. 调整参数法

出现故障时，如果线路中元器件完好，线路接触良好，只是由于某些物理量调整不当，或运行时间过长等因素致使系统参数发生改变或不能自动修正系统值，造成系统不能正常工作，这时应根据设备的具体情况进行调整。

10. 原理分析法

根据控制系统的组成原理图，通过追踪与故障相关联的信号，进行分析判断，找出故障点，并查出故障原因。使用本方法要求维修人员对整个系统和单元电路的工作

城市轨道交通门禁系统

原理有清楚的理解。

11. 比较、分析、判断法

指根据系统的工作原理,控制环节的动作程序以及它们之间的逻辑关系,结合故障现象,进行比较、分析和判断,减少测量与检查环节,并迅速判断故障范围。

以上几种常用的方法,可以单独使用,也可以混合使用,碰到实际的电气故障应结合具体情况灵活运用。

知识单元二 读卡器常见故障及维修

一、故障分析

待机时指示灯为红色,刷卡有效后(能正常开门时)指示灯为绿色。刷卡后等待输入密码时会有短促"嘀"的蜂鸣。

常见故障分析如表7-2-1所示。

表7-2-1 读卡器常见故障分析

设备	故障现象	可能原因	解决方案
读卡器	常鸣	门状态为报警	检查门磁及其线路
		线路短路	检查读卡器蜂鸣器线是否与其他线路接通
		读卡器损坏	更换
		控制器输出故障	更换
	读卡无反应（指示灯、蜂鸣器均无反应）	卡已消磁	
		卡片格式错误	
		线路故障	检查线路
		读卡器报警锁死	
	读卡不开门	奇偶校验错误	检查线路
		多张卡重叠	
		数据D0、D1反接	检查线路
		无效卡	
		权限未更新	
		卡号无效	非本系统卡
		卡格式无效	非本系统卡
		读卡器未启用	无权限

二、检修与更换

读卡器接线如图 7-2-1 所示。

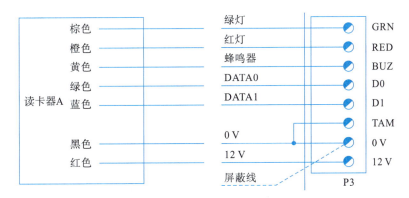

图 7-2-1　读卡器接线图

检修步骤如下。

步骤 1：测量工作电压，正常值为 DC 12 V。

步骤 2：通过观察读卡器上的指示灯是否亮来判断读卡器是否正常。

步骤 3：使用正常的卡片，测试读卡器是否可以读取。

实训环节　读卡器维修

一、读卡器的更换

步骤 1：打开该扇门所属门禁就地控制箱，断开就地控制箱内控制器空开和电锁空开，如图 7-2-2 所示。

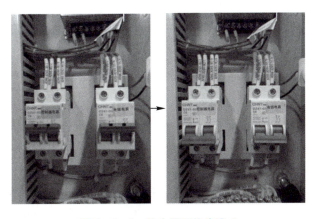

图 7-2-2　读卡器更换步骤 1

城市轨道交通**门禁系统**

步骤2：用螺丝刀使读卡器与墙体分离，若螺丝处有盖子需先将盖子取下。门禁读卡器螺丝盖子是卡在读卡器上的，用手抠掉即可，若卡的很紧，可使用螺丝刀从边缘处撬掉。相关步骤如图7-2-3所示。

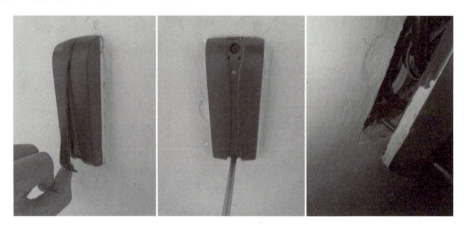

图7-2-3　读卡器更换步骤2

步骤3：用标签纸在墙体出线上标注读卡器接线颜色后，拆掉绝缘胶带使墙体出线与读卡器线分离，取出读卡器备件准备更换，如图7-2-4所示。

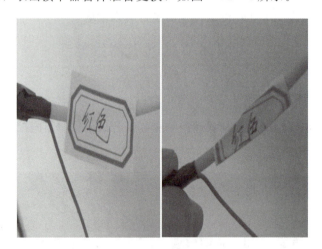

图7-2-4　读卡器更换步骤3

步骤4：按照墙体出线标签上的颜色把所有墙体出线与备件读卡器线连接并用绝缘胶带缠好，缠好后把线放入墙体内，使用螺丝刀拧螺丝把读卡器固定在墙体上拧紧。读卡器螺丝有盖子需扣紧盖子。相关步骤如图7-2-5、图7-2-6所示。

步骤5：更换完毕后，闭合就地控制箱内控制器空开和电锁空开，验证读卡器功能正常，确认此就地控制箱所控制的门都处于正常状态后，出清现场。相关步骤如图7-2-7所示。

· 134 ·

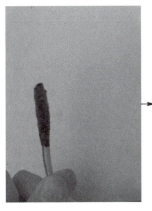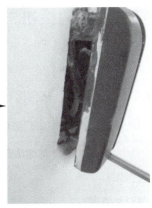

图 7-2-5 读卡器更换步骤 4(一)

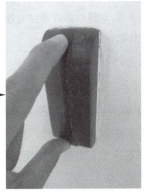

图 7-2-6 读卡器更换步骤 4(二)

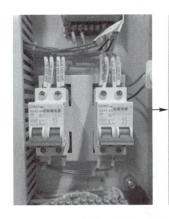

图 7-2-7 读卡器更换步骤 5

知识单元三 出门按钮、门磁常见故障及处理方法

一、故障分析

出门按钮、门磁均为输入设备，结构比较简单，可能出现的故障如表7-2-2所示。

表7-2-2 出门按钮、门磁常见故障分析

设备	故障现象	可能原因	解决方案
输入	状态无效	触点损坏	更换设备
		软件设置错误	重新配置软件
		门已开锁	—
		线路故障有两种可能：(1)线路断路或开路，使得按钮失效；(2)线路有感应电等干扰，致使控制器收不到状态。	断路、短路可通过测线路通断进行检测。干扰无良策

二、检修

步骤1：工作正常时，用万用表测量出门按钮输出信号为开路；按下按钮面板时，用万用表测量出门按钮输出信号为短路；释放按钮面板，输出信号恢复为开路状态。

步骤2：若工作不正常，则需要更换出门按钮。出门按钮的输出信号为COM与NO。

实训环节 出门按钮维修

出门按钮用于日常开门，使用频率较高，若发现损坏，需及时更换以免影响人员进出。

一、出门按钮配线

接线时两个节点不需要区分，直接连接由就地控制器接入的2根出门按钮线。接入就地控制器对应接锁区的REX及其相邻的GND节点。出门按钮端子如图7-2-8所示。

图7-2-8 出门按钮端子

二、出门按钮更换

步骤1：打开该扇门所属门禁就地控制箱，断开就地控制箱内控制器空开和电锁空开。步骤如图7-2-9所示。

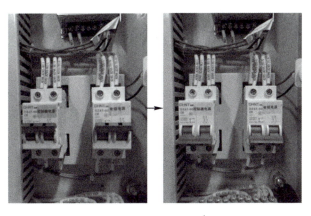

图7-2-9　出门按钮更换步骤1

步骤2：使用小一字螺丝刀从侧面小口处撬开出门按钮边缘壳子，如图7-2-10所示。

图7-2-10　出门按钮更换步骤2

步骤3：取下按钮盖，使用螺丝刀拧下出门按钮与墙体固定的螺丝，如图7-2-11所示。

步骤4：使用螺丝刀拆下出门按钮背部接线，取出出门按钮备件准备进行更换，如图7-2-12所示。

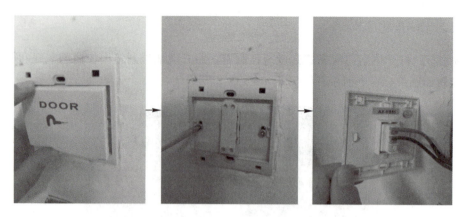

图 7-2-11 出门按钮更换步骤 3

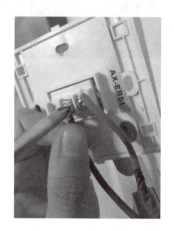

图 7-2-12 出门按钮更换步骤 4

步骤 5：使用螺丝刀完成出门按钮背部接线，出门按钮和墙体之间的固定，注意拧螺丝时需对准螺丝孔，如图 7-2-13 所示。

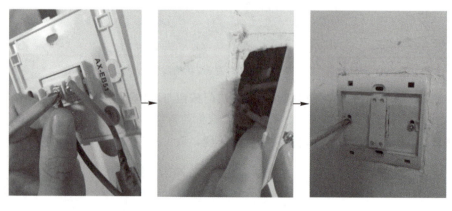

图 7-2-13 出门按钮更换步骤 5

步骤6：用手按上按钮盖，使按钮盖与出门按钮相互扣紧，对准四个小卡口按上出门按钮边缘壳，如图7-2-14所示。

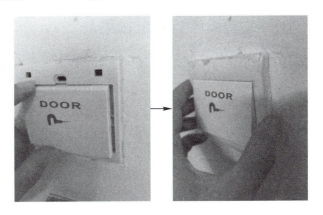

图7-2-14　出门按钮更换步骤6

步骤7：更换完毕后，闭合就地控制箱内控制器空开和电锁空开，出门按钮验证功能正常，确认此就地控制箱所控制的门都处于正常状态后，出清现场，如图7-2-15所示。

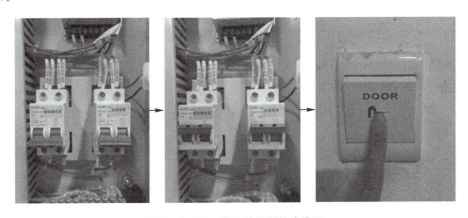

图7-2-15　出门按钮更换步骤7

知识单元四　电锁故障及处理方法

步骤1：工作正常时，通电，门闭合，磁力锁上锁。用万用表测量内置门磁输出信号为短路；断电，磁力锁开锁，门打开，用万用表测量内置门磁输出信号为开路。

步骤2：检查磁力锁锁体和衔铁安装位置是否符合要求。衔铁应安装稳固，但要留一点活动的虚位，这样才能保证锁体和衔铁接触紧密。

步骤3：在电源正常、安装无误的情况下，若磁力锁工作不正常，则需要更换。磁力锁工作电压为DC 24 V，电源线需要区分极性，门磁输出信号为COM和NO。

步骤4：更换门锁时要注意，正常情况下，当门关闭时，门锁上的指示灯应为绿色长亮，此时关门状态方能传给就地控制器。

实训环节　电锁维修

一、电锁配线

郑州地铁安装有2种电锁，单门电锁和双门电锁。双门电锁可以理解为由两把完全相同的单门电锁组成。

电锁接线内容有3项：供电电压跳线，接入电源，接通电锁信号。以下将分别对单门电锁和双门电锁进行说明。

单门电锁供电电压跳线：跳线帽应在4个跳线针脚的中间位置。

单门电锁电源：将接入的门锁电源线按正负极分别接入"＋"节点和"－"节点。

单门电锁信号：接线时，将就地控制器接入的电锁信号采集线（2芯）分别连通电锁电源状态节点C（与就地控制器节点DOD对应）和节点NO（与就地控制器节点GND对应）。单门电锁端子如图7-2-16所示。

图7-2-16　单门电锁端子

双门锁由两个相同的电锁模块组成。接线方法如下。

双门电锁供电电压跳线：将两个跳线帽分别安装在两侧的4个跳线针脚的中间位置。

双门电锁电源：两个电锁模块应并联供电。

双门电锁信号：两个电锁模块具有独立的门磁信号线和电锁电源状态节点，接线时，使用外部线将两侧电锁模块的节点NO串联。再将就地控制器引出的2根电锁信号采集线分别接入两侧电锁的节点C。双门电锁端子如图7-2-17所示。

图 7-2-17 双门电锁端子

二、电锁更换

步骤1：打开该扇门所属门禁就地控制箱，断开就地控制箱内控制器空开和电锁空开，如图 7-2-18 所示。

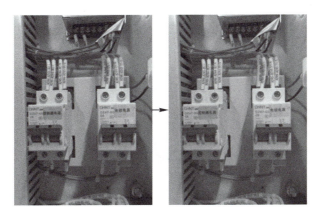

图 7-2-18 电锁更换步骤1

步骤2：使用螺丝刀打开电锁接线模块盖板，拧下内部接线后拉直，如图 7-2-19 所示。

图 7-2-19 电锁更换步骤2

步骤3：使用合适的内六角拧下电锁，注意在拧最后几颗螺丝时应用手扶着电锁，以防电锁坠落造成人员伤害，如图7-2-20所示。

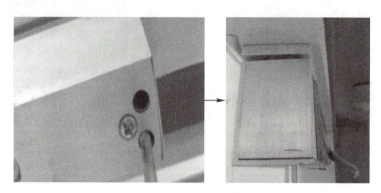

图7-2-20　电锁更换步骤3

步骤4：若需更换固定门锁与门框间的底板，用螺丝刀拧下背板后拧上新底板即可，如图7-2-21所示。

图7-2-21　电锁更换步骤4

步骤5：把门框内出来的线插入门锁接线模块内，使用合适的内六角固定电锁，应用手扶着电锁，以防电锁坠落造成人员伤害，如图7-2-22所示。

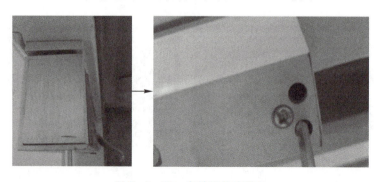

图7-2-22　电锁更换步骤5

步骤6：使用螺丝刀拧好电锁接线，并固定电锁接线模块盖板，如图7-2-23所示。

图7-2-23　电锁更换步骤6

步骤7：更换完毕后，闭合就地控制箱内控制器空开和电锁空开，确认此就地控制箱所控制的门都处于正常状态后，出清现场，如图7-2-24所示。

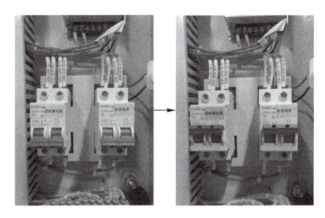

图7-2-24　电锁更换步骤7

知识单元五　紧急出门按钮常见故障及处理方法

步骤1：工作正常时，用万用表测量紧急出门按钮输出信号为短路，模拟击碎玻璃面板，测量输出信号为开路，模拟玻璃面板复位，输出信号恢复为短路状态。

步骤2：若工作不正常，则需要更换紧急出门按钮。紧急出门按钮的输出信号为COM与NC。

实践环节　紧急出门按钮维修

紧急出门按钮与出门按钮位于同一侧，在紧急情况下且按出门按钮不起作用时，可按碎紧急出门按钮玻璃片出门，当紧急出门按钮损坏时，需更换紧急出门按钮。

城市轨道交通**门禁系统**

一、紧急出门按钮配线

工作时需串联在电锁的正极电源线中,所以接线时只需接 2 个节点(节点 2 和节点 3)。紧急出门按钮端子如图 7-2-25 所示。

图 7-2-25　紧急出门按钮端子

二、紧急出门按钮更换

步骤 1:打开该扇门所属门禁就地控制箱,断开就地控制箱内控制器空开和电锁空开,如图 7-2-26 所示。

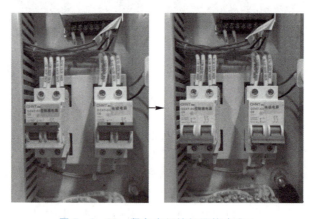

图 7-2-26　紧急出门按钮更换步骤 1

步骤 2:用螺丝刀拆除紧急出门按钮下方的螺丝,取下紧急出门按钮外壳,如图 7-2-27 所示。

步骤 3:把玻璃片稍微向上用力,取下玻璃片,拧下后壳与墙体固定的螺丝,如图 7-2-28 所示。

步骤 4:使紧急出门按钮与墙体分离,记下每根线所接端子位置,用螺丝刀拧下端子接线,如图 7-2-29 所示。

项目七
门禁系统维护与维修

图 7-2-27　紧急出门按钮更换步骤 2

图 7-2-28　紧急出门按钮更换步骤 3

图 7-2-29　紧急出门按钮更换步骤 4

步骤5：取出功能正常的紧急出门按钮备件，按记下来的接线顺序接好端子上的线，接线需牢固，如图7-2-30所示。

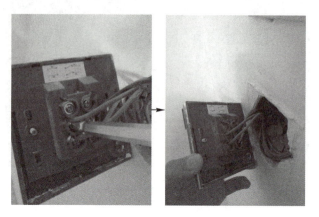

图7-2-30　紧急出门按钮更换步骤5

步骤6：用螺丝刀使紧急出门按钮与墙体固定，注意拧螺丝时需对准螺丝孔，如图7-2-31所示。

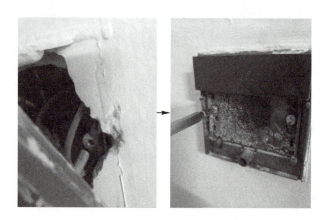

图7-2-31　紧急出门按钮更换步骤6

步骤7：把玻璃片向上方稍微用力，装上玻璃片，盖上紧急出门按钮盖子并拧紧，如图7-2-32所示。

步骤8：更换完毕后，闭合就地控制箱内控制器空开和电锁空开，用配套插孔钥匙从左下角插入紧急出门按钮，验证功能正常，确认此就地控制箱所控制的门都处于正常状态后，出清现场，如图7-2-33所示。

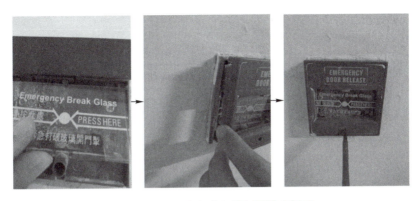

图 7-2-32 紧急出门按钮更换步骤 7

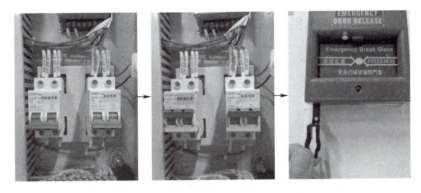

图 7-2-33 紧急出门按钮更换步骤 8

知识单元六　就地控制器常见故障及处理方法

就地控制器面板如图 7-2-34 所示。

图 7-2-34 就地控制器面板图

城市轨道交通门禁系统

常见故障分析如表7-2-3所示。

表7-2-3 就地控制器常见故障分析

设备	故障现象	可能原因	解决方案
就地控制器	无指示灯	未加电或加电不成功	尝试加电
	能加电，但不能启动	外接设备有短路现象，特别读卡器12 V	排查线路
	频发继电器跳动	输入点异常带电	更换板卡
	锁输出信号不变化	软件设置错误，继电器损坏	

实践环节　就地控制器维修

一、就地控制器配线

就地控制器如图7-2-35所示，各序号指示区域的功能如下。

图7-2-35　就地控制器

1.1号区域：就地控制器485通信线

就地控制器的通信分A网和B网，互为冗余。接线时，A网的485通信线在"RS485-1"的端子组上并联，B网的485通信线在"RS485-2"的端子组上并联。

2.2号区域：读卡器供电电压跳线

需要把附件包中的跳线帽安装在图7-2-36所圈出的位置。

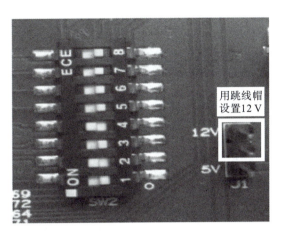

图 7-2-36 就地控制器跳线帽

3. 拨码开关组

所有就地控制器的 SW2 和主控制器电路板的 SW2 设置相同，SW2 的 2 号、4 号开关拨至 ON 位置，其他开关拨至 OFF 位置。所有就地控制器的 SW1 开关组的 5、6、7、8 号开关的设置相同：5、6、7 号开关拨至 ON 位置，8 号开关拨至 OFF 位置。SW1 开关组的 1、2、3、4 号开关用于设置就地控制器的 485 串口通信地址（分别对应地址位 0，1，2，3，地址值等于拨码开关所示数值加 1），工作时需依据分配的地址对每个就地控制器的 SW1 进行设置。

4. 接锁区

每个就地控制器最多控制两把电锁，接线时需要将电锁及相关的紧急开门按钮、出门按钮、读卡器、电锁信号接入就地控制器电路板的接锁区。电路板上设定两个接锁区。如果就地控制器只控制一把锁，就接入 1 号接锁区。

两个接锁区的接法相同。以 1 号接锁区为例，相关设备的接线方法如下：就地控制器、紧急开门按钮和电锁之间的控制回路连接。控制回路原理是通过控制电锁是否通电实现锁的开和关。控制回路起点是电锁电源的 DC 24 V 正极，终点 DC 24 V 负极。回路中接入了电路板控制器节点，紧急开门按钮，电锁供电节点。1 号接锁区为例，以回路中的节点顺序为 DC 24 V 正极，RLY4-NC，RLY4-C，紧急开门按钮 2 号节点，紧急开门按钮 3 号节点，电锁供电正极节点，电锁供电负极节点，DC 24 V 负极。该回路需 4 根导线，分别是 DC 24 V 正极和 RLY4-NC 之间，RLY4-C 和紧急开门按钮 2 号节点之间，紧急开门按钮 3 号节点和电锁供电正极节点之间，电锁供电负极节点和 DC 24 V 负极之间。前端设备与就地控制器接线图如图 7-2-37 所示。

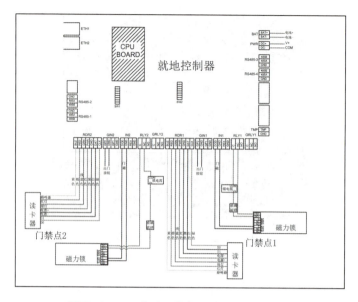

图 7-2-37　前端设备与就地控制器接线图

二、更换就地控制器

（1）首先断开就地控制器内部左上角两个电源空开，如图 7-2-38 所示。

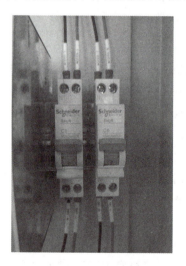

图 7-2-38　电源空开

（2）记录更换前就地控制器主板拨码位置，将新的主板上的拨码位置调整为与更换前的一致，如图 7-2-39 所示。

图7-2-39 就地控制器主板拨码

(3)拔掉主板上的各个接线端子,拧掉主板四角的固定螺丝。操作时注意插拔端子的力度,避免损坏接线端子。就地控制器主板如图7-2-40所示。

图7-2-40 就地控制器主板

(4)取下主板,操作时谨防误碰箱体内部其他元器件及线缆。

(5)将新的主板安装在原主板位置,紧固螺丝,恢复各个接线端子连接。再次确认主板拨码位置,需与更换前一致,确认无误后推上就地控制器内部供电空开。

(6)观察主板指示灯、门磁指示灯、读卡器指示灯恢复正常后,需对此就地控制器重新下发门禁权限配置信息,现场人员可联系OCC自动化工班人员进行操作,下发权限过程中现场人员需实时关注就地级各个设备状态,如有异常情况应及时处理。

(7)OCC自动化工班人员与现场人员沟通后,确认需下发权限的就地控制器所在线路、站名、门禁的名称位置等信息后,在网管室门禁工作站对其重新下发门禁权限信息。以下以城郊线为例说明门禁权限下发操作流程。

①打开门禁工作站门禁软件(图7-2-41),在软件界面左侧门禁设置下点击门禁权限设置。

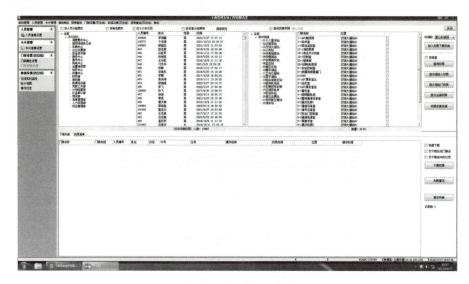

图7-2-41　门禁工作站门禁软件(一)

②选择站名,勾选对应的门禁的名称位置,点击右侧显示指定门权限按钮,点击快速下载,如图7-2-42所示。

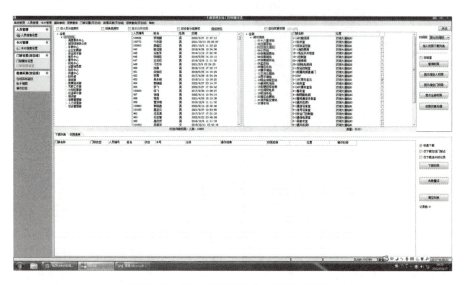

图7-2-42　门禁工作站门禁软件(二)

③等待3 min左右,下载完毕,提示失败为0后,通知现场人员门禁权限下发

完成。

（8）现场人员接到门禁权限下发完成的通知后，等待 3 min 左右，联系具有权限的人员进行刷卡开门测试，测试正常后，确认设备已恢复正常，至此 ACS 就地控制器主板更换完毕。

知识单元七　通信故障及处理方法

如果与综合监控（ISCS）系统通信发生故障，请遵循检修流程进行处理，如图 7-2-43 所示：

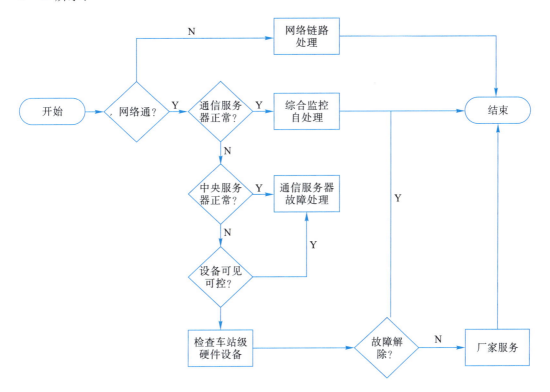

图 7-2-43　通信故障检修流程

一、主控制器与门禁服务器通信的检修

步骤 1：测量工作电压，正常值为 DC 24 V。EXT PWR 电源指示灯亮。

步骤 2：观察主控制器与门禁服务器的通信状态，通信正常时，控制器板上的 HDX/FDX、SPEED、Link/ACT（如图 1 位置）指示灯亮，并且 SPEED 指示灯频繁闪烁。

步骤 3：通过管理软件 CIM 模块查看控制器通信状态，通信正常时，Connection Stauts 为绿色字体"communicating"。通信断开时，显示为红色"communicating lost"。

数据下载完成后 Download Status 显示为绿色"Idle"。主控制器 Firmware version 显示为 1.4，从控制器显示为 1.3，如图 7-2-44 所示。

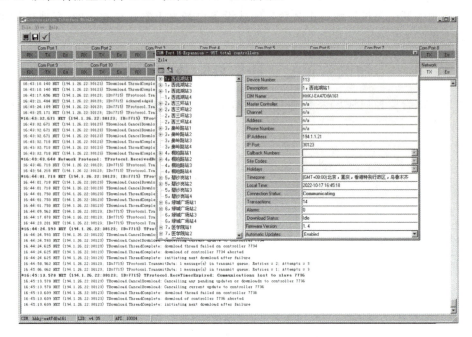

图 7-2-44　管理软件 CIM 模块

步骤 4：检查 IP 配置，通过 boardconfig 程序，查看主控制器自身 IP 地址和门禁服务器 IP 地址。

步骤 5：检查管理软件控制器设置，通过系统管理模块—硬件地图，查看门禁控制器的 IP 地址。此地址为步骤 4 中主控制器自身的地址。

二、主控制器与就地控制器通信的检修

步骤 1：测量工作电压，正常值为 DC 24 V。EXT PWR 电源指示灯亮。

步骤 2：观察主控制器与就地控制器的通信状态，通信正常时，控制器板上所连接线缆端口相应的 COM_TXD、COM_RXD 指示灯连续闪烁。

步骤 3：通过管理软件 CIM 模块查看控制器通信状态，通信正常时，Connection-Stauts 为绿色字体"communicating"。

步骤 4：若发现通信异常，检查 RS-485 通信线路是否存在松动、短路或接线问题。

步骤 5：检查管理软件控制器设置，通过系统管理模块—硬件地图—查看门禁控制器的通道号和地址号。查看就地控制器地址是否与软件设置一致。控制器拨码地址＝软件设置地址－1。就地控制器地址为 SW1 上 1～4 位二进制。就地控制器 SW2 的第 2 位，第 4 位要拨到 ON 上，其余拨到 OFF 上。

课后习题

一、选择题

1. 门禁就地控制器故障现象为无指示灯时,可能的原因是(　　)。

   A. 未加电或加电不成功　　　　　　B. 外接设备有短路现象

   C. 输入点异常带电　　　　　　　　D. 软件设置错误

2. 读卡器故障现象为常鸣时,可能的原因是(　　)。

   A. 读卡器未启用　　　　　　　　　B. 读卡器损坏

   C. 卡片格式错误　　　　　　　　　D. 读卡器报警锁死

二、简答题

1. 电气故障的常见排除方法有哪些?
2. 请简述紧急出门按钮故障及处理方法。

项目八

门禁系统图纸

思政课堂

加快城市轨道交通智慧服务 我国首个地铁北斗定位系统开建

北斗卫星导航系统能够提供定位、导航和授时服务，是我国重要的空间基础设施。2022年3月20日，我国首个地铁北斗定位系统在北京地铁首都机场线开工建设。

此次开工的地铁北斗定位系统覆盖北京地铁首都机场线30公里运行线路和5座车站，是国家重点研发计划"超大城市轨道交通系统高效运输与安全服务关键技术"项目的重要配套示范工程。

据了解，地铁北斗定位系统提高了地铁站地下空间的定位精度，不仅可用于车辆调度、客运组织、应急处置等方面，同时乘客能够使用手机地图，通过三维立体导航实现地铁站内复杂空间的导航定位。该系统的建设在加快城市轨道交通的智慧服务、智慧维护，改善用户体验、提高运营效率、降低管理成本等方面发挥重要作用。

项目概述

城市轨道交通门禁系统从最初的系统、硬件、功能的文字描述，变成在二维的图纸上优美的图形线条，这是设计人员创造门禁系统的重要一步。我们首先要学习如何看懂这些图纸。城市轨道交通门禁系统的施工图、配线图、安装大样图都画的是什么呢？让我们在学习中逐步揭开门禁系统图纸的神秘面纱。

学习目标

1. 知识能力目标

（1）掌握电气识图的基础知识。

（2）熟悉门禁系统施工图的各模块内容含义，能独立识读系统构成图、供电系统图、接地系统图、平面布置图。

(3)熟悉门禁系统配线图，掌握配电箱、机柜、主控制器、就地级设备的配线原理。

(4)熟悉门禁系统安装大样图，掌握门禁就地设备的安装要求。

2.素质目标

(1)培养工匠精神，做合格的基层工作者。

(2)夯实基础，培养务实精神。

任务一 电气识图的基础知识

根据最新国家标准电气图形符号绘制的各种电气工程图,是各类电气工程技术人员进行沟通交流的共同语言。在设计、安装、调试和维修管理电气设备时,通过识图,可以了解各电器元件之间的相互关系以及电路工作原理,为正确安装、调试、维修及管理提供可靠的保证。要做到会看图和看懂图,应掌握识图的基本知识,即应当了解电气图的构成、种类、特点等,掌握电气工程中常用的最新国家标准图形符号,了解这些符号的意义。同时,还应掌握识图的基本方法和步骤等相关知识。

知识单元一 电气施工图的特点

(1)建筑电气工程图大多采用统一的图形符号,并加注文字符号绘制而成。
(2)电气线路都必须构成闭合回路。
(3)线路中的各种设备、元件都是通过导线连接成为一个整体的。
(4)在进行建筑电气工程图识读时应阅读相应的土建工程图及其他安装工程图,以了解相互间的配合关系。
(5)建筑电气工程图对于设备的安装方法、质量要求以及使用维修方面的技术要求等往往不能完全反映出来,因此在阅读图纸时有关安装方法、技术要求等问题,要参照相关图集和规范。

知识单元二 电气施工图的组成

1. 图纸目录与设计说明

包括图纸内容、数量、工程概况、设计依据以及图中未能表达清楚的各有关事项。如供电电源的来源、供电方式、电压等级、线路敷设方式、防雷接地、设备安装高度及安装方式、工程主要技术数据、施工注意事项等。

2. 主要材料设备表

包括工程中所使用的各种设备和材料的名称、型号、规格、数量等,它是编制购置设备、材科计划的重要依据之一。

3. 系统图

如 ACS 系统的供电系统图、接地系统图、系统构成图等。
系统图反映了系统的基本组成、主要电气设备、元件之间的连接情况以及它们的规格、型号、参数等。

4. 平面布置图

平面布置图是电气施工图中的重要图纸之一,如 ACS 站厅、站台平面布置及线缆路径图等，用来表示电气设备的编号、名称、型号及安装位置、线路的起始点、敷设部位、敷设方式及所用导线型号、规格、根数、管径大小等。通过阅读系统图，了解系统基本组成之后，就可以依据平面图编制工程预算和施工方案，然后组织施工。

5. 控制原理图

包括系统中各所用电气设备的电气控制原理，用以指导电气设备的安装和控制系统的调试运行工作。

6. 安装接线图

包括电气设备的布置与接线，应与控制原理图对照阅读，进行系统的配线和调校。

7. 安装大样图

安装大样图是详细表示电气设备安装方法的图纸，对安装部件的各部位注有具体图形和详细尺寸，是进行安装施工和编制工程材料计划时的重要参考。

知识单元三　电气施工图的阅读方法

1. 熟悉电气图例符号

电气符号主要包括文字符号、图形符号、项目代号和回路标号等。在绘制电气图时，所有电气设备和电气元件都应使用国际标准符号，当没有国际标准符号时，可采用国家标准或行业标准符号。要想看懂电气图，就应了解各种电气符号的含义、标准原则和使用方法，充分掌握由图形符号和文字符号所提供的信息，才能正确地识图。

2. 阅读步骤

针对一套电气施工图，一般应先按以下顺序阅读，然后再对某部分内容进行重点识读。

1）看标题栏及图纸目录

了解工程名称、项目内容、设计日期及图纸内容、数量等。

2）看设计说明

了解工程概况、设计依据等，了解图纸中未能表达清楚的各有关事项。

3）看设备材料表

了解工程中所使用的设备、材料的型号、规格和数量。

4）看系统图

了解系统基本组成，主要电气设备、元件之间的连接关系以及它们的规格、型号、参数等，掌握该系统的组成概况。

5）看平面布置图

观察照明平面图、插座平面图、防雷接地平面图等。了解电气设备的规格、型号、数量及线路的起始点、敷设部位、敷设方式和导线根数等。平面图的阅读可按照以下

城市轨道交通门禁系统

顺序进行：电源进线—总配电箱干线—支线—分配电箱—电气设备。

6）看控制原理图

了解系统中电气设备的电气自动控制原理，以指导设备安装调试工作。

7）看安装接线图

了解电气设备的布置与接线。

8）看安装大样图

了解电气设备的具体安装方法、安装部件的具体尺寸等。

3. 抓住电气施工图要点进行识读

在识图时，应抓住要点进行识读，如：

(1)在明确负荷等级的基础上，了解供电电源的来源、引入方式及路数。

(2)了解电源的进户方式是由室外低压架空引入还是电缆直埋引入。

(3)明确各配电回路的相序、路径、管线敷设部位、敷设方式以及导线的型号和根数。

(4)明确电气设备、器件的平面安装位置。

4. 结合土建施工图进行阅读

电气施工与土建施工结合得非常紧密，施工中常常涉及各工种之间的配合问题。电气施工平面图只反映了电气设备的平面布置情况，结合土建施工图的阅读还可以了解电气设备的立体布设情况。

5. 熟悉施工顺序

熟悉施工顺序，便于阅读电气施工图。

6. 应协调配合阅读施工图中各图纸

对于具体工程来说，为说明配电关系时需要有配电系统图；为说明电气设备、器件的具体安装位置时需要有平面布置图；为说明设备工作原理时需要有控制原理图；为表示元件连接关系时需要有安装接线图；为说明设备、材料的特性、参数时需要有设备材料表等。这些图纸各自的用途不同，但相互之间是有联系并协调一致的。在识读时应根据需要，将各图纸结合起来识读，以达到对整个工程或分部项目全面了解的目的。

任务二　门禁系统施工图

知识单元一　图纸目录

图纸目录页主要介绍每张图纸的名称、内容和图纸编号，便于检索和查找。如图 8-2-1 所示。

图纸目录

序号	图号	图名	备注
01	ZZM10(01)-15-12-00-00-SS-MJ-01	设计说明（一）	
02	ZZM10(01)-15-12-00-00-SS-MJ-02	设计说明（二）	
03	ZZM10(01)-15-12-00-00-SS-MJ-03	主要设备材料表	
04	ZZM10(01)-15-12-00-00-SS-MJ-04	车站配电系统构成图	
05	ZZM10(01)-15-12-00-00-SS-MJ-05	电源系统构成图	
06	ZZM10(01)-15-12-00-00-SS-MJ-06	接地系统构成图	
07	ZZM10(01)-15-12-00-00-SS-MJ-07	站厅层设备布置及管线路径敷设图（一）	
08	ZZM10(01)-15-12-00-00-SS-MJ-08	站厅层设备布置及管线路径敷设图（二）	
09	ZZM10(01)-15-12-00-00-SS-MJ-09	设备层设备布置及管线路径敷设图（一）	
10	ZZM10(01)-15-12-00-00-SS-MJ-10	设备层设备布置及管线路径敷设图（二）	
11	ZZM10(01)-15-12-00-00-SS-MJ-11	站台层设备布置及管线路径敷设图	
12	ZZM10(01)-15-12-00-00-SS-MJ-12	就地级设备线缆连接图	
13	ZZM10(01)-15-12-00-00-SS-MJ-13	门禁设备底盒及套管预埋大样图	

图 8-2-1　图纸目录

知识单元二　门禁设计说明

设计说明中(图 8-2-2)主要包含工程概况、系统概况、设计范围、设计依据及标准、系统设计原则、系统构成、系统功能、系统接口、供电与接地、施工注意事项等内容。

中华人民共和国住房和城乡建设部发布的国家标准《城市轨道交通工程项目规范》GB 55033—2022，自 2023 年 3 月 1 日起实施。同时废止现行国家标准《城市轨道交通技术规范》GB 50490—2009。本图纸的出图时间在《城市轨道交通技术规范》GB 50490—2009 规范废止前。

城市轨道交通门禁系统

设 计 说 明 （一）

1. 概述
1.1. 工程概况
　　■■轨道交通■■号线一期工程全长21.864km，设置12个车站，均为地下站，其中换乘车站6座，新建红石坡收车辆段1座，新建主变电所1座，控制中心暂设置于车辆段车辆控制中心，待第二控制中心建成后迁入使用。
　　■■轨道交通■■号线一期工程第1小时，为方柱三肼地下两层岛式站台车站，与远期21号线成一"T"字换乘。
1.2. 系统概述
　　本工程设置一套门禁系统（ACS），用于对车站、车辆段、变电所等场站运营场所的出入安全进行集中管理。系统由控制中心的中央服务器、车站、车辆段的车站级设备，以及工作网等部分构成。
　　四市民中心控制中心（即第二调度中心）工程进度无法实施■■特线一期所段人有需求，车辆段设置临时控制中心，中央控制中心暂接入车辆段的临时控制中心，待第二控制中心建成后，进行置换，车辆段综合楼门禁中央授权终端装置授权工作站，台式读写卡器，负责对全线门禁系统的统一授权。
　　门禁系统在车站综合监控系统，安防集成平台互联。门禁系统车站级不单独设置工作站，由安防集成平台工作站实现门禁系统工作站功能。
2. 设计范围
　　本站门禁系统的设计范围为本站门禁系统的构成及功能、电源配电及接地系统构成，与相关专业分界、相关设备平面布置及安装、电缆敷设敷线、电缆清册、设备配置及材料表等。
3. 设计依据及标准
3.1. 设计依据
　　（1）设计合同；
　　（2）相关设计文件及相关评审意见；
　　（3）业主及相关单位提供的设计依据的资料；
　　（4）设计样板尺寸、厂家提供的设备尺寸、安装要求等资料、图纸、建筑及综合管网图纸。
3.2. 相关标准规范
　　《地铁设计规范》　　　　　　GB 50157-2013；
　　《城市轨道交通技术规范》　　GB 50490-2009；
　　《出入口控制系统工程设计规范》　GB 50396-2007；
　　《安全防范系统通用图形符号》　GA/T 74-2017；
　　《火灾自动报警系统设计规范》　GB 50116-2019；
　　《数据中心设计规范》　　　　GB 50174-2017；
　　《综合布线系统工程设计规范》　GB 50311-2016；
　　《民用建筑电气设计标准》　　GB 51348-2019；
　　《地下铁道工程施工质量验收标准[两册]》　GB/T 50299-2018；
　　《地铁设计防火标准》　　　　GB 1298-2018；
　　《建筑机电工程抗震设计规范》　GB 50981-2014；
　　其他相关规则、规范。
4. 设计原则
4.1. 系统设计原则
　　（1）门禁系统应以使用功能、功能全面、安全可靠以及可用性能等主要原则。
　　（2）门禁系统采用两级管理、三级控制的分层分布式设计，两级管理分别是中央级和车站级，三级控制分别是中央级、车站级和现场级。
　　（3）系统运行模式分为站、线路、灾害、维修四种模式，可根据不同情况自动切换。
　　（4）正常情况下可通过设置在车站控制室IBP盘上的紧急解除按钮实现敞开开门（AFC聚务室除外）及两通式消防疏散的要求。
　　（5）采用工业级控制系统，通过24小时不间断工作的要求。系统设计、设备配置均应具有较强的抗电磁干扰能力，满足轨道交通特殊环境条件下正常使用，具有可用必要防尘、防潮、维修运营方便。
　　（6）门禁系统的门禁卡应与地铁员工卡合一，卡片由地铁AFC系统一制作。门禁卡的授权应在AFC专业统一管理。
　　（7）门禁系统前接入火灾监控系统，实现对疏散通道上常闭防火门状态的监控。
5. 门禁点
5.1. 门禁点设置原则
　　（1）在安全级别要求较高的车站管理用房、重要设备用房、通道门处设置门禁点。
　　（2）门禁门不止一个以上建设门禁点时，当一个房间有多个门时，只在一个常用门处设置门禁点。
5.2. 门禁点设置

（1）设备用房
　　综合监控设备室、信号设备室、通信设备室、通信电源室、民用通信机房、警用通信设备室、通风空调机房、冷水机房、环控电控室、照明电变室、消防泵房、35kV开关柜室、直流开关柜室、0.4kV开关柜室、整流器室、再生制动室、变电所控制室、气瓶间、废水泵房、污水泵房、弱电综合室。
（2）管理用房
　　车站控制室、站长室、站长室、AFC票务室、更衣室、警务室及站台面向公共区的乘务用房等。
（3）通道门
　　设备管理区通往公共区的通道门、设备管理区直通地面的紧急硫散通道门、设备管理区直通隧道区间的通道门、公共区员工通过门等。
5.3. 门禁点安全等级及设备配置
　　（1）重要设备用房根据四级安全等级要求，即设置读卡器。
　　（2）AFC票务室按照第二级安全等级设置，即设置向读卡器、进门侧设置钥匙盘、其它需均按照安全等级要求设置。
　　（3）门禁点设备管理区内的通道门按照三级安全等级要求，即设置向读卡器、车控室侧的设备管理区直通公共区的通道门按照三级安全等级设置，即设置向读卡器、进门侧设置钥匙盘可视讨讲盘盘。其它通道门行门按照四级安全等级设置。
　　（4）公共区直通设备管理区通道门的电磁锁供电需由服务器配置。
6. 系统构成
　　车站门禁系统主要由车站级设备、现场级设备以及网络组成。车站级门禁系统通过安防集成平台工作站实现车站级门禁系统监控功能，工作站的安装地点由安防专业提供；现场级设备包括就地控制器、读卡器、电锁、开门按钮、紧急开门按钮、密码键盘等，可视讨讲设备等设备。
　　系统中央级与车站级通过专业提供的数据传输通道通信；现场网络采用RS485双总线方式。
7. 系统功能
　　（1）监控功能
　　系统监视所有设备的状态及人员出入情况，并具有声光报警，形出报警系统，提醒值班人员与功能。在必要时，通过管理工作站（由综合监控专业完成）打开指定门禁。
　　（2）入侵检测监督
　　有容人进入使及操门情形状发生时，控制器将报警信号传送到管理工作站，提示有关值班人员，当门开启后长时间未正常关闭时，管理工作站也点提示等事务，并通过电子地图在屏幕上显示报警信息。这些报警检测可以通过软件进行设置。
　　（3）记录存储
　　系统自动存储所有的修改操作，存储控制管理者所设置的同时的操作日志、记录记录等。通行记录的内容包括：时间、区域、人员卡号、进出方向等。
　　（4）信息显示及报表打印
　　系统将报警据、所有输入事件、报警事件、故障事件及其它事件都完整保存在门禁管理机的数据库中。管理人员可从历史记录中检查并实时自动分析数据。
　　（5）联动功能
　　提供模块化实现与火灾自动报警系统的联动，当接到火灾报警信号时，系统自动敞开火灾区域的电磁门。
　　在控制室内的IBP盘设置ACS"紧急危急"按钮，并考虑人工控制的效果措施，在车站发生突发情况时，操作人员可以通过车站IBP盘紧急按钮，可通过彻底地断车站配电电源柜的电磁（除AFC聚务室外）、电磁门锁，方便疏散。
　　（6）防火门监控
　　系统在位于疏散通道上的常闭防火门处设置门磁点，监视常闭防火门的开闭状态。
8. 系统接口
8.1. 与火灾自动报警系统（FAS）接口
　　接口位置：a. 车控室、车辆段消防控制室门禁控制终端接线端子上；
　　　　　　　b. 车站、车辆段综合设置监狱中控制电缆线开关分离联接处。
　　接口类型：a. 信号硬线接口／1个。
　　　　　　　b. 信号硬线接口／1个。
8.2. 与通信传输系统接口
　　接口位置：在各车站、车辆段内的专用通信设备室内光纤配线架外侧。
　　接口类型：单模光口／2个（冗余配置）。
8.3. 与通信时钟系统接口
　　接口位置：在控制中心通信设备室到时针系统通信接口处。
　　接口类型：10/100M以太网接口／2个（冗余配置）。

图 8-2-2　设计说明

知识单元三　图例符号

图例符号为图纸的阅读提供了重要的识别依据，通过对比阅读，大家可以辨识系统图、平面图中设备图标的内容含义，如图 8-2-3 所示。

序号	图例	名称	序号	图例	名称
1		交换机	8		可视对讲室内主机/室外分机
2	MJ	门禁就地控制器	9		门磁开关
3		读卡器	10		开门按钮
4	KP	键盘读卡器	11		紧急开门按钮
5	EL	电磁锁	12	E	光电转换器
6		求助按钮	13	EBL	电插锁
7		防火墙			

图 8-2-3　图例符号

知识单元四　设备材料表

设备材料表包含了工程中所使用的各种设备和材料的名称、型号、规格、数量等，它是编制购置设备、材料计划的重要依据之一，如图8-2-4所示。

主要设备表

序号	设备名称	单位	数量	备注
1	交换机	套	1	
2	门禁主控制器机柜	套	1	每套内含2块主控制器
3	就地控制器	个	42	1个就地控制器可接2个读卡器
4	带键盘读卡器	个	1	AFC票务室外闸门
5	不带键盘读卡器	个	75	
6	单门磁力锁	套	20	
7	双门磁力锁	套	52	
8	电插锁	套	8	
9	紧急开门按钮	个	68	
10	出门按钮	个	60	
11	门磁	个	60	
12	机柜底座	套	1	
13	配电箱	套	1	
14	光电转换器	对	1	
15	残疾人卫生间呼叫装置	套	1	
16	可视对讲装置	套	1	

主要材料表

序号	材料名称	型号	单位	数量	备注
1	控制电缆	WDZB-RYYP-3×0.75	米	1800	出门按钮
2	控制电缆	WDZB-RYY-4×1.0	米	1200	电锁至控制器电源线
3	读卡器线缆	WDZB-RYJYP-(4×0.75)	米	1100	就地控制器与读卡器连接线缆
4	控制线缆	WDZB-KYJYP-5×1.5	米	400	门禁配电箱紧急释放至BP盘、求助按钮至BP盘
5	单模光缆	低烟无卤阻燃4芯铠装	米	1200	
6	以太网电缆	低烟无卤阻燃超5类8芯屏蔽双绞线	米	220	
7	RS485通信线缆	WDZB-RYJYSP-4×1.0	米	2200	
8	电源电缆	WDZB-YJY-3×4	米	1300	
9	电源电缆	WDZB-YJY-3×2.5	米	1700	
10	接地电缆	WDZB-BYJ-1×6	米	1300	
11	镀锌钢管	SC25，刷防火涂料	米	40	
12	镀锌钢管	SC25，刷防火涂料	米	720	
13	金属防火线槽	100×100	米	320	
14	防火封堵材料		套	1	
15	光纤熔接盒/光电转换器保护箱		对	2	

图8-2-4　设备材料表

知识单元五　系统构成图

系统构成图主要展示系统设备网络结构及配线回路，包括车站级、就地级设备的网络连接构成。站内设备主要有门禁主控制器、就地控制器、出门按钮、紧急出门按钮、电锁、读卡器等，系统构成如图8-2-5所示。

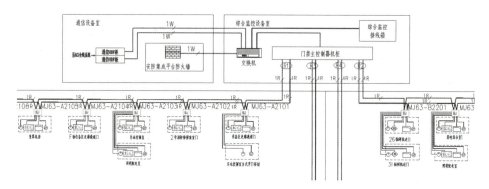

图8-2-5　系统构成图

知识单元六　供电系统图

供电系统图包含门禁系统配电箱配电系统图以及车站级门禁系统的供电回路图，如图8-2-6、图8-2-7所示。

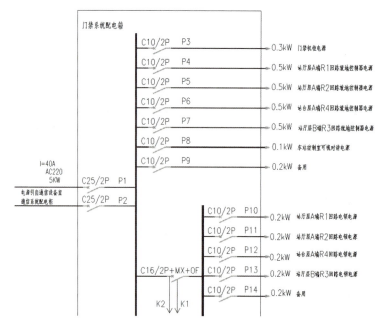

图8-2-6　配电系统图

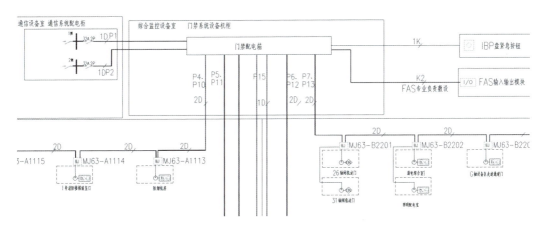

图 8-2-7 供电回路图

知识单元七 接地系统图

ACS 接地系统图主要展示接地回路的系统设置，具体方案在设计说明中有详细介绍，接地系统图如图 8-2-8 所示。

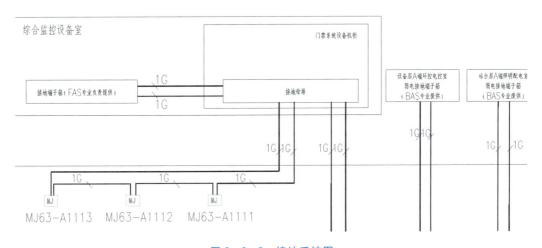

图 8-2-8 接地系统图

知识单元八 平面布置图

图 8-2-9 所示为部分站厅层平面布置及线缆路径图，图中可见门禁系统就地级设备的安装位置及线缆桥架走向等信息。

图 8-2-10 所示为单个房间门禁平面布置图，对照图例阅读可见门禁就地控制器、读卡器、开门按钮、紧急开门按钮、电磁锁等。

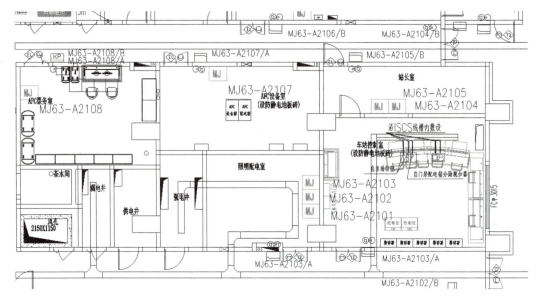

图 8-2-9 站厅层平面布置及线缆路径图

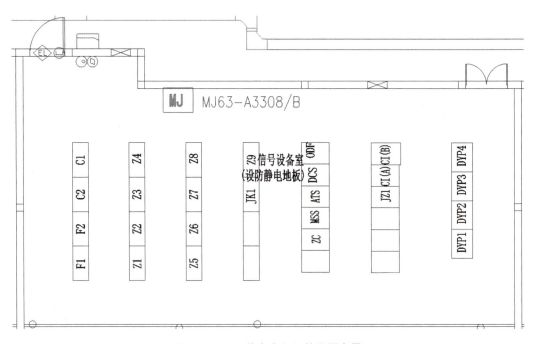

图 8-2-10 单个房间门禁平面布置

任务三　门禁系统配线图

由于各线路门禁系统品牌及设备型号的差异，门禁系统设备的配线原理也不尽相同，本节以郑州地铁 1 号线门禁系统为例，对门禁系统配线图进行讲解。

知识单元一　配电箱配线图

门禁配电箱设备简表如图 8-3-1 所示。

设 备 简 表

序号	符号	名　称	型式及规格	数量	备　注
1		箱体	700*600*300mm（高宽深）	1	颜色：RAL7035，细皱
2	Q0	25A双极微型断路器	C65N/2P/C25	1	
3	TQ	16A双级微型断路器	C65N/2P/C16	1	
4	TKQ	分励脱扣器	MX AC230V	1	三种设备配合使用
5	OF	辅助触点	OF	1	
6	Q1~Q14,QI	6A双级微型断路器	C65N/2P/C6	15	
7		菲尼克斯端子	UK5N	36	
8		菲尼克斯端子固定件	E/UK	24	
9		标记夹	UKJ-BJ	21	
10		菲尼克斯快速标条	ZB6	1	
11	GND	汇流排		1	
12	ZSD	电源指示灯	AD17-22　红　220V	1	

图 8-3-1　设备简表

门禁配电箱配电系统图及供电回路图在前文已有讲解，下面主要介绍配电箱内部布局。电源由 INAC 端子输出给 AC220、TQAC220、IBP 端子模块以及空气开关等。由空气开关分别控制门禁机柜、AFC 票务室、电锁和就地控制器的电源供电。配电箱平面布置图如图 8-3-2 所示。配电箱外部配线表如图 8-3-3 所示。

端子介绍如图 8-3-4、图 8-3-5 所示。

Q0~Q14、QI 为空气开关，TKQ 为分励脱扣器，OF 为辅助触点。

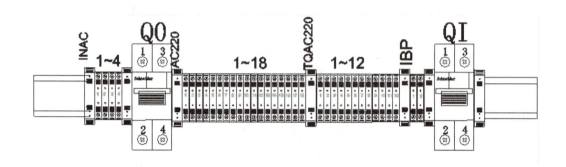
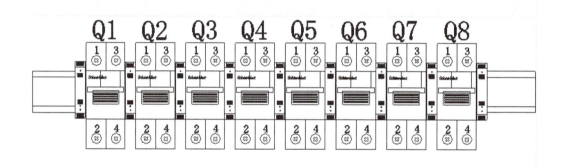
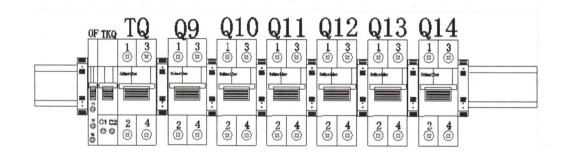

图 8-3-2 配电箱平面布置图

项目八
门禁系统图纸

外部配线表	
节点	外部配线
INAC-1	综合监控接入电源的L线
INAC-3	综合监控接入电源的N线
GND	综合监控接入电源的G线
IBP_1	IBP_X7_3
IBP_2	IBP_X7_4
QI_2	IBP_X7_1
TKQ_C2	IBP_X7_2
Q1-2	WL1-L(站厅层左端就地控制器电源一L线)
Q1-4	WL1-N(站厅层左端就地控制器电源一N线)
Q2-2	WL2-L(站厅层左端就地控制器电源二L线)
Q2-4	WL2-N(站厅层左端就地控制器电源二N线)
Q3-2	WL3-L(站厅层、站台层中部就地控制器电源L线)
Q3-4	WL3-N(站厅层、站台层中部就地控制器电源N线)
Q4-2	WL4-L(站厅层、站台层右端就地控制器电源L线)
Q4-4	WL4-N(站厅层、站台层右端就地控制器电源N线)
Q5-2	WL5-L(站台层左端就地控制器电源L线)
Q5-4	WL5-N(站台层左端就地控制器电源N线)

外部配线表	
节点	外部配线
Q6-2	WL11-L(AFC票务室电锁电源L线)
Q6-4	WL11-N(AFC票务室电锁电源N线)
Q7-2	WL12-L(门禁机柜电源L线)
Q7-4	WL12-N(门禁机柜电源N线)
Q8-2	WL14-L(备用1_L)
Q8-4	WL14-N(备用1_N)
Q9-2	WL6-L(站厅层左端电锁电源一L线)
Q9-4	WL6-N(站厅层左端电锁电源一N线)
Q10-2	WL7-L(站厅层左端电锁电源二L线)
Q10-4	WL7-N(站厅层左端电锁电源二N线)
Q11-2	WL8-L(站厅层、站台层中部电锁电源L线)
Q11-4	WL8-N(站厅层、站台层中部电锁电源N线)
Q12-2	WL9-L(站厅层、站台层右端电锁电源L线)
Q12-4	WL9-N(站厅层、站台层右端电锁电源N线)
Q13-2	WL10-L(站台层左端电锁电源L线)
Q13-4	WL10-N(站台层左端电锁电源N线)
Q14-2	WL13-L(备用2_L)
Q14-4	WL13-N(备用2_N)

图8-3-3 配电箱外部配线表

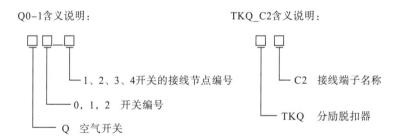

图8-3-4 端子含义说明1

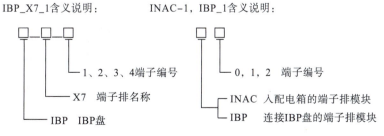

图8-3-5 端子含义说明2

知识单元二　机柜配线图

1. 机柜视图

车站级门禁机柜正视图和背视图，重点展示门禁机柜的内部构造及设备布局。机柜视图如图 8-3-6 所示。

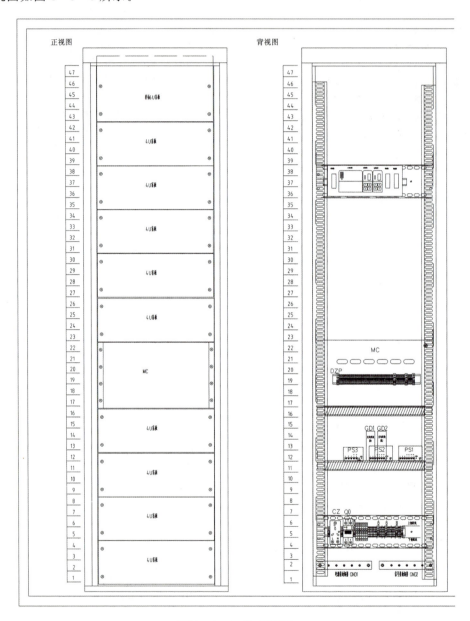

图 8-3-6　机柜视图

2. 设备简表

门禁机柜的设备简表如图 8-3-7 所示。

序号	符号	名称	型式及规格	数量
1	MC	ACS主控制器	SSRC-4D	1
2	SW	赫斯曼交换机	MS4128-L3E	1
3	PS1	开关电源	S-100-24	1
4	PS2	开关电源	RS-100-24	1
5	PS3	开关电源	RS-35-12	1
6	CZ	模数化多功能插座	AC30-122	1
7	Q0	空气开关	C65N-C6/2P	1
8	GND1,GND2	汇流排		2
9	FUN	排风扇		4
10		菲尼克斯端子	UK5N	16
11		菲尼克斯保险丝端子	UK5-HESI	6
12		菲尼克斯端子固定件	E/UK	7
13		标记夹		6
14		行线槽	40x60mm(宽x深)	

图 8-3-7 设备简表

3. ACS 机柜内部配线图

ACS 机柜内部配线图展示了门禁机柜内各端子排的上下侧配线要求，如图 8-3-8、图 8-3-9 所示。

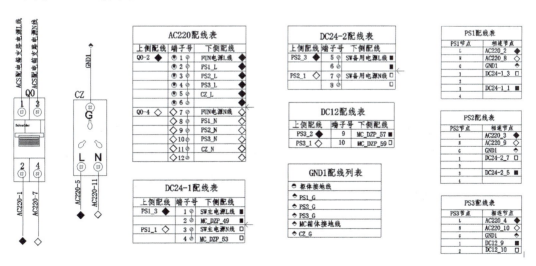

图 8-3-8 ACS 机柜内部配线图 1

城市轨道交通**门禁系统**

配线表（通讯）	
SW网口	相连网口
SW_1_1	MC的1#交换机网口8
SW_2_1	MC的2#交换机网口8
SW_1_2	
SW_2_2	
SW_1_3	
SW_2_3	
SW_1_4	
SW_2_4	

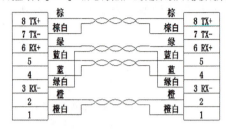

图8-3-9 ACS机柜内部配线图2

4. 含义说明

含义说明如图8-3-10所示。

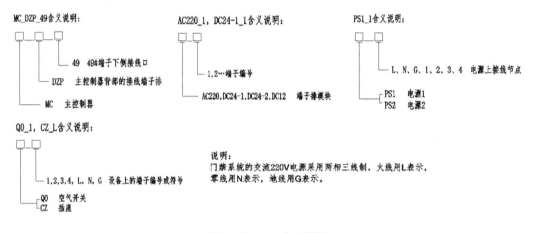

图8-3-10 含义说明

5. 柜内交换机

机柜内上端放置交换机1台，交换机有2个介质模块，每个介质模块有4个网口。第一个介质模块网口1接入主控制器1号(1#)交换机网线，网口2接入综合监控骨干网A网交换机网线，网口3接入管理工作站网线，网口4预留。第二个介质模块网口1接入主控制器2号(2#)交换机网线，网口2接入综合监控骨干网B网交换机网线，网口3和4预留，如图8-3-11所示。

项目八
门禁系统图纸

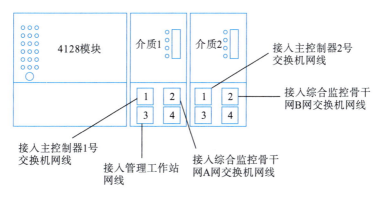

图 8-3-11 交换机配线图

6. 柜内电源模块

机柜中三个电源模块的配线表如图 8-3-12 所示。

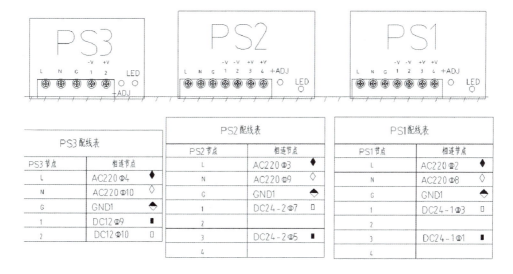

图 8-3-12 电源模块配线图

7. 柜内端子排

机柜下端放置的为多功能插座、空气开关、AC 220 V 端子排、DC 24 V、DC 12 V 端子排模块及接地汇流排。底部端子排如图 8-3-13 所示。

城市轨道交通门禁系统

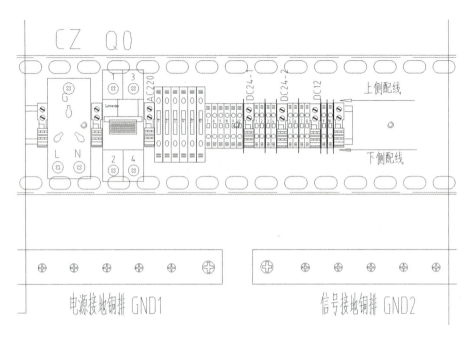

图 8-3-13 底部端子排

底部端子排配线图如图 8-3-14 所示。

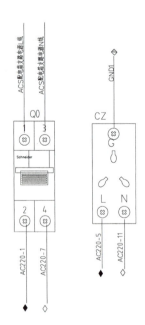

图 8-3-14 底部端子排配线图

知识单元三　主控制器配线图

门禁主控制器需要安装的设备是电路板、交换机、端子排。其配线主要为电路板 RS485 通信端子与端子排之间的接线，电路板以太网口与交换机网口的接线，电路板供电电源端子与端子排的接线，端子排 FAS 接线端子与电路板对应端子的接线以及电路板的设置。主控制器平面布置图如图 8-3-15 所示。

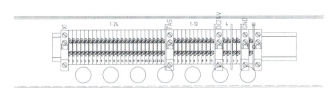

图 8-3-15　主控制器平面布置图

依照图 8-3-16 所示的配线表，将 RS485 通信线、电源线以及网线接入端子排和电路板。

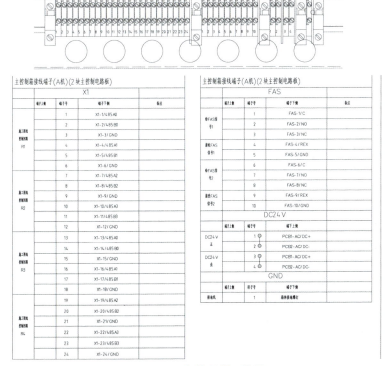

图 8-3-16　主控制器配线图

知识单元四　就地级设备配线图

1. 就地控制器

(1)就地控制器平面布置图如图 8-3-17 所示。

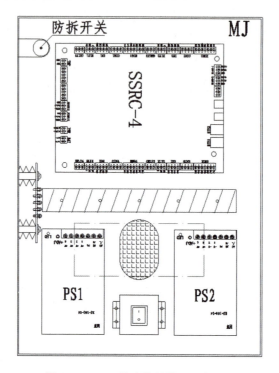

图 8-3-17　就地控制器平面布置图

(2)就地控制器设备简表如图 8-3-18 所示。

设　备　简　表

序号	符号	名称	型式及规格	数量	备注
1		箱体	510*380*140mm（高宽深）	1	箱体颜色：RAL7035，门轴在左
2	MJ	门禁就地控制器	SSRC-4	1	
3	PS1，PS2	开关电源	RS-100-24	2	
4	FCKG	防拆开关		1	
5		接地螺钉		1	
6	KG	电源开关		1	
7		行线槽	300*50*35mm(长*高*宽)	1	
8	GND	汇流排		1	

图 8-3-18　就地控制器设备简表示例

（3）就地控制器安装说明如图 8-3-19 所示。

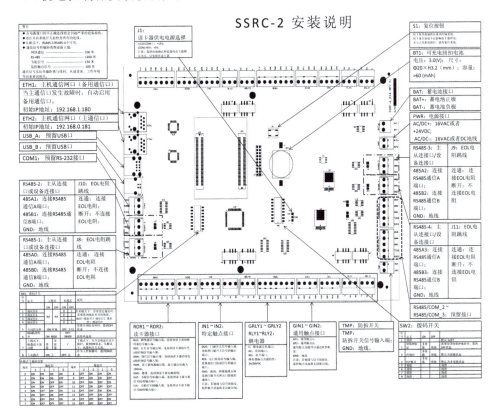

图 8-3-19　就地控制器安装说明

2. 读卡器

就地控制器与就地级设备接线如图 8-3-20 所示。

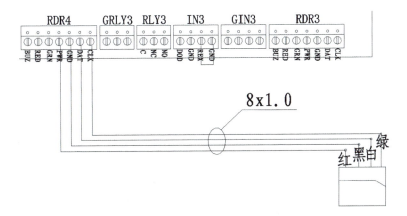

图 8-3-20　就地控制器与就地级设备接线图

读卡器 4 根线红、黑、白、绿在电路板上分别对应的节点是 PWR、GND、DAT、CLK。

3. 电锁

就地控制器与单门电锁的接线如图 8-3-21 所示。

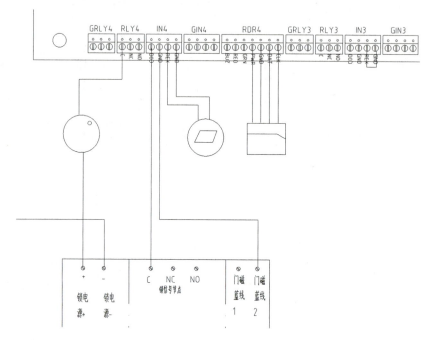

图 8-3-21　就地控制器与单门电锁接线图

就地控制器与双门电锁的接线如图 8-3-22 所示。

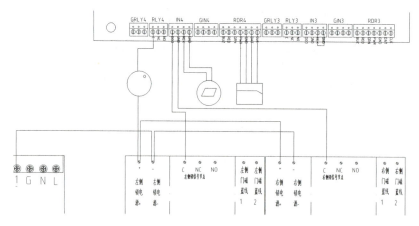

图 8-3-22　就地控制器与双门电锁接线图

4. 出门按钮

出门按钮接线时两个节点不需要区分，可直接连接由就地控制器接入的 2 根出门按钮线。接入就地控制器对应接锁区的 REX 及其相邻的 GND 节点。就地控制器与出门按钮接线图如图 8-3-23 所示。

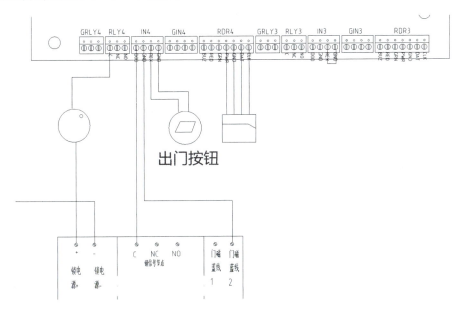

图 8-3-23　就地控制器与出门按钮接线图

5. 紧急出门按钮

紧急出门按钮工作时需串联在电锁的正极电源线中，所以接线时只需接 2 个节点（节点 2 和节点 3）。就地控制器与紧急出门按钮接线图如图 8-3-24 所示。

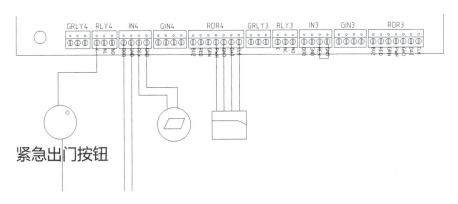

图 8-3-24　就地控制器与紧急出门按钮接线图

城市轨道交通门禁系统

任务四　门禁系统安装大样图

知识单元一　单门就地设备安装图

门禁系统管线敷设在有吊顶的区域，在吊顶内明敷；无吊顶的区域，则暗敷在墙体内。连接处做接地跨接线。明敷管排列整齐，固定点的距离应均匀。

电磁锁应靠近门开启方向安装。电锁的安装应保证锁体与衔铁板充分接触，并使接触面保持在同一水平面上，不应该有接触不到或局部接触的现象。单门就地设备安装图如图 8-4-1 所示。

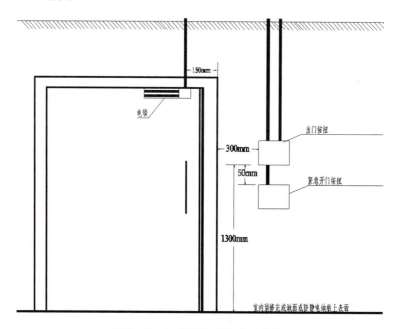

图 8-4-1　单门就地设备安装图

知识单元二　双门就地设备安装图

双门就地设备安装图如图 8-4-2 所示。

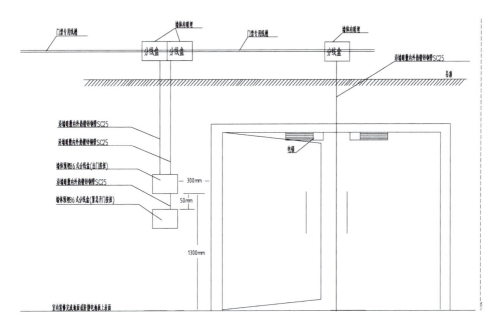

图 8-4-2 双门就地设备安装图

知识单元三　就地设备安装侧视图

读卡器、开门按钮安装时需与动照专业开关、空调开关保持平齐，并据此对安装高度进行调整，暂定安装高度为 1300 mm，紧急出门按钮安装在出门按钮下方 50 mm 处。所有读卡器、出门按钮原则上安装在非门轴方向的墙面上，读卡器中心原则上距离门框边缘 300 mm。就地设备安装侧视图如图 8-4-3 所示。

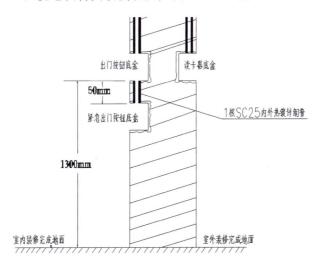

图 8-4-3　就地设备安装侧视图

知识单元四　就地控制器安装图

就地控制器放在箱内，就地控制箱安装在设备区相应位置室内侧墙上（不得安装于风道、电缆井、厕所、垃圾间、走廊等环境条件差或不利于维护或安全等级不足的区域），车控室、站长室、站务室、男更衣间、女更衣间、站台面向公共区的乘务用房、票务室、疏散楼梯间就地控制箱的安装高度为下沿距离装修地面 2000 mm，其余位置安装高度为 1300 mm。就地控制器安装如图 8-4-4 所示。

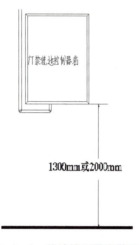

图 8-4-4　就地控制器安装图

知识单元五　全自动线路站台落轨梯处就地设备安装图

全自动线路站台落轨梯处栅栏门需安装门禁，设备安装要求如图 8-4-5 所示。

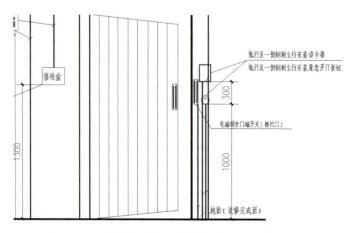

图 8-4-5　全自动线路站台落轨梯处就地设备安装图

一、简答题

1. 请简述门禁系统紧急出门按钮、出门按钮、读卡器安装位置的标准要求。
2. 施工图设计说明中包含哪些内容？
3. 请简述下列图例的含义：

序号	图例
1	
2	MJ
3	
4	KP
5	EL

4. 请简述双门电锁信号线的接线原理。
5. 请简述下图中配电箱的供电回路情况。

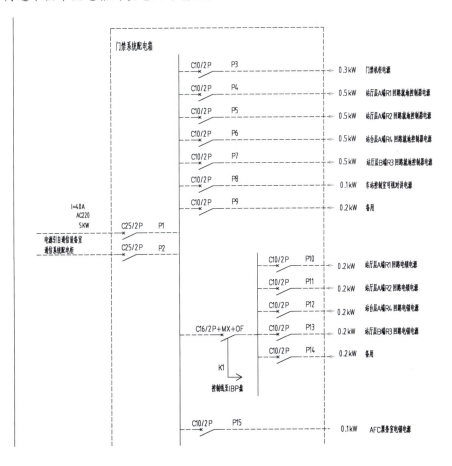

项目九

门禁系统相关规范

思政课堂

城市轨道交通门禁系统加密方案研究

门禁系统是为确保城市轨道交通正常、安全运营，保证授权人员在受控情况下方便地进入设备管理区域，防止非授权人员进入限制区所设立的系统。它一直扮演着保障城市轨道交通安全的重要角色。随着门禁系统应用领域的扩展和深入，目前，城市轨道交通门禁系统所采用的 Mifare1 卡难以满足更高的安全性和更复杂的多应用需求，尤其是在 Mifare1 卡的安全被破解的情况下，用户信息的安全性得不到保障，卡片几乎都可以被完整复制，限制了目前一卡通的发展。随着集成技术和加密技术的发展，近几年中央处理器(central processing unit，CPU)卡技术逐渐成熟，交易过程的信息安全性和定制开发的灵活性不断提升，因此 CPU 卡技术正成为非接触集成电路卡技术的重要发展趋势。

门禁系统作为城市轨道交通中最重要的安全系统，更新技术已迫在眉睫，这样才能保证设备和人员安全，从而进一步保障城市轨道交通的运营安全。采用 CPU 卡技术并结合加密算法，可以保证认证信息不被解析，从而保障门禁系统安全使用。通过使用 CPU 卡预留区域的空间开发新的应用，可以扩展门禁系统功能。

项目概述

在城市轨道交通门禁系统设计、施工阶段，国家规范标准是重要的工作开展依据。作为一名合格的门禁系统维护工作人员，我们应能清楚地掌握门禁系统的标准规范，在线路建设期发现并提出设计施工问题，将问题消灭在建设期。本项目将带领大家学习门禁系统相关的技术规范和标准。

学习目标

1. 知识能力目标

(1)掌握 GB 50157—2013《地铁设计规范》内门禁系统相关设计及设备安装要求。

(2)熟悉 GB 50396—2007《出入口控制系统工程设计规范》相关设计要求。

(3)掌握 GB 51151—2016《城市轨道交通公共安全防范系统工程技术规范》相关设计及施工要求。

2. 素质目标

(1)在技术研究探索中培养遵章守纪的素养。

(2)提升合法合规的判断力。

城市轨道交通**门禁系统**

任务一　地铁设计规范

一、一般规定

(1)地铁涉及安全的重要设施的通道门、系统和设备用房门及管理用房门应设门禁。

(2)门禁系统应具有出入口监控和安全管理等功能,也可根据运营管理的需要设置其他功能。

(3)门禁系统构成、设备配置和布置,应与运营管理模式相适应。

(4)线网内门禁系统宜实现统一授权管理,并应遵循统一的系统标准。

(5)门禁系统应按集中管理、分级控制的方式设计。应统一管理合法持卡人的访问权限,可根据需要设置线网中央级系统、线路中央级系统和车站级系统三级监控管理系统,或线网(含线路)中央级系统和车站级系统两级监控管理系统,并宜根据运营管理的需要集中设置授权工作点。

(6)门禁系统规模应与线网规划相适应,并应确定线路、车站和监控对象的数量,以及监控对象的安全等级、授权人数及发卡量,并应留有余量。

(7)设有门禁装置的通道门、设备及管理用房门的电子锁,应满足防冲撞和消防疏散的要求。电子锁应具备断电自动释放功能,设备及管理用房门电子锁还应具备手动机械解锁功能。

(8)门禁系统应实现与火灾自动报警系统的联动控制。车站控制室综合后备控制盘上应设置门禁紧急开门控制按钮,并应具备手动、自动切换功能。

(9)车站级以下系统和设备应按工业级标准进行设计,并应满足地铁车站环境的要求。

(10)门禁系统宜采用员工卡作为授权卡。

(11)门禁系统应实现线网、线路和车站内的时钟同步。

二、安全等级和监控对象

(1)系统设计应明确监控管理的对象和安全等级。

(2)各安全等级的配置应符合下列规定:

①一级应设双向读卡器,进门侧应设密码键盘或其他识别装置,并应与闭路电视监控系统联动监控。

②二级应设双向读卡器,进门侧应设密码键盘或其他识别装置。

③三级应设双向读卡器或设单向读卡器,进门侧应设密码键盘或其他识别装置。

④四级应设单向读卡器。

(3)控制中心监控对象应包括重要的系统和设备用房、管理用房及通道的门;进入中央控制室的通道门应设一级门禁。

(4)车站监控包括的对象应符合下列规定：

①设备用房应包括通信设备室、信号设备室、供电和低压配电设备室、综合监控设备室、自动售检票设备室、站台门设备室、应急照明设备室、自动灭火设备室、环控电控室、通风空调机房和消防泵房等。

②管理用房应包括车站控制室、站长室、站务室等；票务管理室应设不低于二级安全等级的门禁。

③通道门应包括设备管理区直通地面的紧急疏散通道门、设备管理区直通公共区的通道门等；设备管理区直通隧道区间的通道门应设三级安全等级的门禁。

(5)车辆基地监控对象应包括通信设备室、信号设备室、供电和低压配电设备室、综合监控设备室、消防控制室、自动售检票维修及重要的管理用房等。

(6)主变电所监控对象宜包括通道门、设备房和控制室等，无人值班的主变电所的通道门宜设一级安全等级的门禁。

(7)其他监控对象宜包括档案库房、财务室(库房)、材料库房、培训设备室、重要维修和测试设备用房。

(8)门套门可只在一个门上设置门禁。当一个房间有多个门时，可只在一个常用门处设置门禁。

三、系统构成

(1)门禁系统宜由线网中央级系统、线路中央级系统、车站级系统、现场级系统和终端设备、传输网络和电源及门禁卡等组成。

(2)线网中央级系统宜由服务器、监控管理工作站、授权工作站、授权读卡器、打印机、局域网设备及不间断电源等组成。

(3)线路中央级系统宜由服务器、监控管理工作站、授权工作站、授权读卡器、打印机、局域网设备及不间断电源等组成。

(4)车站级系统宜由车站工作站、授权读卡器、打印机、局域网设备及不间断电源等组成。

(5)现场级系统和终端设备宜由车站控制器、本地控制器、读卡器、密码键盘、电子锁、门磁、紧急开门按钮、出门按钮及门禁卡等组成。

(6)门禁系统监控管理层系统可自成系统或与综合监控(或安防)系统实现集成或互联。

(7)门禁系统宜采用通信传输网络，当门禁系统与综合监控(或安防)系统实现集成或互联时，宜采用综合监控(或安防)系统的传输网络。

(8)系统和设备应具有 7×24 h 不间断工作的能力。系统应采用不间断电源供电，后备时间不应低于 1 h。

四、系统功能

1. 线网中央级系统功能

线网中央级系统功能应符合下列要求：

(1) 应具有门禁授权管理、数据库管理、黑名单管理、设备监视与控制功能。

(2) 应向线路中央级系统下达系统工作参数、授权参数、黑名单等信息。

(3) 应接收线路中央级系统上传的线路数据，并应实现数据的统计、报表、分类存储和打印。

(4) 应查询线网系统信息。

(5) 应统一管理线网内合法持卡人的访问权限。

(6) 应具有换乘车站的跨线授权管理功能。

(7) 系统应具有登录、修改、操作、报警等信息的系统日志功能。

2. 线路中央级系统功能

线路中央级系统功能应符合下列要求：

(1) 应具有门禁授权管理、数据库管理、设备监视与控制功能。

(2) 应接收线网中央级系统下达的工作参数、授权参数、黑名单等信息。

(3) 应向线网中央级系统上传线路系统的数据和系统状态信息。

(4) 应向车站级系统下达系统工作参数、授权参数、黑名单等信息。

(5) 应接收车站级系统上传的数据，并应实现数据的统计、报表、分类存储和打印。

(6) 应查询线路系统信息。

(7) 应统一管理线路内合法持卡人的访问权限。

(8) 系统应具有登录、修改、操作、报警等信息的系统日志功能。

3. 车站级系统功能

车站级系统功能应符合下列要求：

(1) 应接收线路中央级系统下载的系统参数、授权参数、黑名单等信息，并应下传至现场级系统和终端设备。

(2) 应监控现场级系统和终端设备的运行状态，并应将数据上传至线路中央级系统。

(3) 应进行实时状态监控、报警及打印。

(4) 授权人员可通过系统设定，应临时设置本车站管理区域内的进出权限，并应实现人员权限、区域管理、时间控制和联动控制及人工控制等功能。

(5) 线路中央级系统发生故障或传输网络中断时，车站级系统应能独立运行。

4. 现场级系统和终端设备功能

现场级系统和终端设备功能应符合下列要求：

(1)车站控制器应接收车站级系统下载的系统参数、授权参数、黑名单等信息，并应下载到本地控制器。

(2)车站控制器应监控本地控制器、读卡器等的运行状态，应向车站级系统上传卡识别、控制动作、设备运行及门开闭状态等信息。

(3)车站控制器应具备在线、离线、灾害及维修等运行模式。

(4)车站控制器应具有本地数据存储和保护功能。

(5)本地控制器应接收车站控制器下载的系统参数、授权参数、黑名单等信息，并应下载到读卡器。

(6)本地控制器应监控读卡器等的运行状态，应向车站控制器上传卡识别、控制动作、设备运行及门开闭状态等信息。

(7)本地控制器应根据指令或权限向读卡器发出动作信号，读卡器应向电子锁发出动作信号，应控制电子锁执行门的开启和锁闭操作。

(8)本地控制器应具备在线、离线、灾害及维修等运行模式。

(9)本地控制器应具有本地数据存储和保护功能。

5. 其他的功能要求

(1)开门应采用出门按钮及紧急开门按钮，当出门按钮失效时，可采用紧急开门按钮。

(2)电子锁应具有断电释放的功能。

(3)车站控制室应设通用授权卡，可持卡打开任意受控房间。

五、设备安装要求

(1)系统设备及管线应安装和敷设在安全区域。

(2)门禁车站级系统设备宜设在车站控制室，具体位置应与运营管理模式相适应。

(3)读卡器在公共区可根据需要明装或暗装，安装方式应与建筑装修协调配合，控制按钮的安装应便于识别和操作。

(4)电子锁的安装应选在门体受力最合适的位置，当外力作用在门扇时，门扇的变形应最小。

六、系统接口

(1)门禁系统应具有与通信、综合监控(或安防)、火灾自动报警、低压配电等系统及建筑专业的接口等功能。

(2)门禁系统和设备应按一级负荷供电，系统接地应接入综合接地网，接地电阻不应大于1 Ω。

任务二　出入口控制系统工程设计规范

一、基本规定

（1）出入口控制系统工程的设计应符合国家现行标准《安全防范工程技术标准》GB 50348—2018 和《出入口控制系统技术要求》GB/T 37078—2018 的相关规定。

（2）出入口控制系统的工程设计应综合应用编码与模式识别、有线/无线通信、显示记录、机电一体化、计算机网络、系统集成等技术，构成先进、可靠、经济、适用、配套的出入口控制应用系统。

（3）出入口控制系统中使用的设备必须符合国家法律法规和现行强制性标准的要求，并经法定机构检验或认证合格。

（4）出入口控制系统工程的设计，应符合下列要求：

①根据防护对象的风险等级和防护级别、管理要求、环境条件和工程投资等因素，确定系统规模和构成；根据系统功能要求、出入目标数量、出入权限、出入时间段等因素来确定系统的设备选型与配置。

②出入口控制系统的设置必须满足消防规定的紧急逃生时，人员疏散的相关要求。

③供电电源断电时系统闭锁装置的启闭状态应满足管理要求。

④执行机构的有效开启时间应满足出入口流量及人员、物品的安全要求。

⑤系统前端设备的选型与设置，应满足现场建筑环境条件和防破坏、防技术开启的要求。

⑥当系统与考勤、计费及目标引导（车库）等一卡通联合设置时，必须保证出入口控制系统的安全性要求。

（5）系统兼容性应满足设备互换的要求，系统可扩展性应满足简单扩容和集成的要求。

（6）出入口控制系统工程的设计流程与深度应符合相关规定。设计文件应准确、完整、规范。

二、系统构成

出入口控制系统主要由识读部分、传输部分、管理/控制部分和执行部分以及相应的系统软件组成。系统有多种构建模式，可根据系统规模、现场情况、安全管理要求等，合理选择。

1. 按硬件构成模式分类

出入口控制系统按其硬件构成模式可分为以下型式。

（1）一体型：出入口控制系统的各个组成部分通过内部连接、组合或集成在一起，实现出入口控制的所有功能，如图9-2-1所示。

图9-2-1 一体型产品组成

（2）分体型：出入口控制系统的各个组成部分，在结构上有分开的部分，也有通过不同方式组合的部分。分开部分与组合部分之间通过电子、机电等手段连成为一个系统，实现出入口控制的所有功能，如图9-2-2所示。

图9-2-2 分体型结构组成之一

2. 按管理控制方式分类

出入口控制系统按其管理、控制方式可分为以下型式。

（1）独立控制型：出入口控制系统，其管理与控制部分的全部显示、编程、管理、控制等功能均在一个设备（出入口控制器）内完成，如图9-2-3所示。

图9-2-3 独立控制型组成

（2）联网控制型：出入口控制系统，其管理与控制部分的全部显示、编程、管理、控制功能不在一个设备（出入口控制器）内完成。其中，显示、编程功能由另外的设备完成。设备之间的数据传输通过有线和/或无线数据通道及网络设备实现，如图9-2-4所示。

（3）数据载体传输控制型：出入口控制系统与联网型出入口控制系统区别仅在于数据传输的方式不同，其管理与控制部分的全部显示、编程、管理、控制等功能不是在一个设备（出入口控制器）内完成。其中，显示、编程工作由另外的设备完成。设备之间的数据传输通过对可移动的、可读写的数据载体的输入、导出操作完成，如图9-2-5所示。

图 9-2-4　联网控制型组成

图 9-2-5　数据载体传输控制型组成

3. 按现场设备连接方式分类

出入口控制系统按现场设备连接方式可分为以下型式。

（1）单出入口控制设备：仅能对单个出入口实施控制的单个出入口控制器所构成的控制设备，如图 9-2-6 所示。

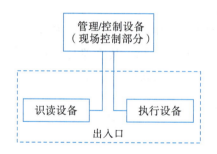

图 9-2-6　单出入口控制设备型组成

（2）多出入口控制设备：能同时对两个以上出入口实施控制的单个出入口控制器所构成的控制设备，如图 9-2-7 所示。

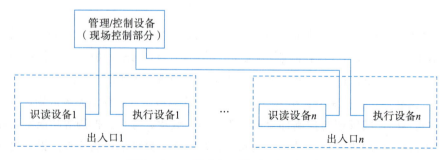

图 9-2-7　多出入口控制设备型组成

4. 按联网模式分类

出入口控制系统按联网模式可分为以下型式。

(1) 总线制：出入口控制系统的现场控制设备，通过联网数据总线与出入口管理中心的显示、编程设备相连，每条总线在出入口管理中心只有一个网络接口，如图9-2-8所示。

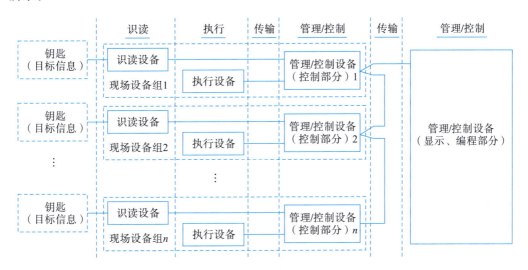

图9-2-8 总线制系统组成

(2) 环线制：出入口控制系统的现场控制设备，通过联网数据总线与出入口管理中心的显示、编程设备相连，每条总线在出入口管理中心有两个网络接口，当总线有一处发生断线故障时，系统仍能正常工作，并可探测到故障的地点，如图9-2-9所示。

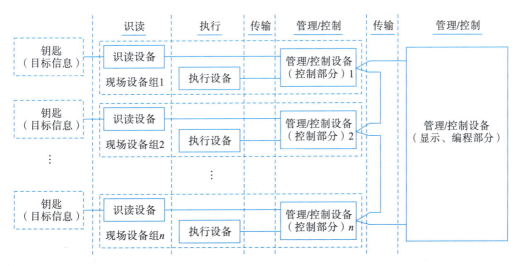

图9-2-9 环线制系统组成

(3) 单级网：出入口控制系统的现场控制设备与出入口管理中心的显示、编程设备的连接采用单一联网结构，如图 9-2-10 所示。

图 9-2-10　单级网系统组成

(4) 多级网：出入口控制系统的现场控制设备与出入口管理中心的显示、编程设备的连接采用两级以上串联的联网结构，且相邻两级网络采用不同的网络协议，如图 9-2-11 所示。

图 9-2-11　多级网系统组成

三、系统功能、性能设计

系统的防护能力由所用设备的防护面外壳的防护能力、防破坏能力、防技术开启能力以及系统的控制能力、保密性等因素决定。系统设备的防护能力由低到高分为 A、B、C 三个等级。

1. 响应时间

系统响应时间应符合下列规定：

(1) 系统的下列主要操作响应时间应不大于 2 s。

① 在单级网络的情况下，现场报警信息传输到出入口管理中心的响应时间。

② 除工作在异地核准控制模式外，从识读部分获取一个钥匙的完整信息到执行部分开始启闭出入口动作的时间。

③ 在单级网络的情况下，操作（管理）员从出入口管理中心发出启闭指令到执行部分开始启闭出入口动作的时间。

④ 在单级网络的情况下，从执行异地核准控制后到执行部分开始启闭出入口动作的时间。

(2) 现场事件信息经非公共网络传输到出入口管理中心的响应时间应不大于 5 s。

2. 系统计时、校时

系统计时、校时应符合下列规定：

(1) 非网络型系统的计时精度应小于 5 s/d；网络型系统的中央管理主机的计时精度应小于 5 s/d，其他的与事件记录、显示及识别信息有关的各计时部件的计时精度应小于 10 s/d。

(2)系统与事件记录、显示及识别信息有关的计时部件应有校时功能；在网络型系统中，运行于中央管理主机的系统管理软件每天宜设置向其他的与事件记录、显示及识别信息有关的各计时部件校时功能。

3. 报警功能

系统报警功能分为现场报警、向操作(值班)员报警、异地传输报警等。报警信号应为声光提示。

在发生以下情况时，系统应报警：

(1)当连续若干次(最多不超过 5 次，具体次数应在产品说明书中规定)在目标信息识读设备或管理与控制部分上实施错误操作时。

(2)当未使用授权的钥匙而强行通过出入口时。

(3)当未经正常操作而使出入口开启时。

(4)当强行拆除和/或打开 B、C 级的识读现场装置时。

(5)当 B、C 级的主电源被切断或短路时。

(6)当 C 级的网络型系统的网络传输发生故障时。

4. 应急开启功能

系统应具有应急开启功能，可采用下列方法：

(1)使用制造厂特制工具采取特别方法局部破坏系统部件后，使出入口应急开启，且可迅即修复或更换被破坏部分。

(2)采取冗余设计，增加开启出入口通路(但不得降低系统的各项技术要求)以实现应急开启。

5. 软件及信息保存

软件及信息保存应符合下列规定：

(1)除网络型系统的中央管理机外，需要的所有软件均应保存到固态存储器中。

(2)具有文字界面的系统管理软件，其用于操作、提示、事件显示等的文字应采用简体中文。

(3)当供电不正常、断电时，系统的密钥(钥匙)信息及各记录信息不得丢失。

(4)当系统与考勤、计费及目标引导(车库)等一卡通联合设置时，软件必须确保出入口控制系统的安全管理要求。

6. 独立运行

系统应能独立运行，并应能与电子巡查、入侵报警、视频安防监控等系统联动，宜与安全防范系统的监控中心联网。

城市轨道交通门禁系统

任务三　城市轨道交通公共安全防范系统工程技术规范

一、总体设计

（1）城市轨道交通技术防范系统设计应设置视频监控系统、入侵报警系统、安全检查及探测系统、出入口控制系统、电子巡查系统和安防集成平台。

（2）城市轨道交通公共安全技术防范系统的各子系统应集合成为一个整体，并应由独立的安防集成平台统一进行管理。

（3）系统安全性设计、电磁兼容性设计应符合现行国家标准《安全防范工程技术标准》GB 50348—2018 的规定。

（4）系统信息安全设计应满足《信息安全技术 网络安全等级保护基本要求》GB/T 22239—2019 规定的信息系统安全保护等级第 2 级要求，并应符合《信息技术 安全技术 信息安全管理体系 要求》GB/T 22080—2016 和《城市监控报警联网系统 技术标准 第 8 部分：传输网络技术要求》GA/T 669.8—2009 的规定。

（5）系统所使用的设备应符合现行国家标准《城市轨道交通安全防范系统技术要求》GB/T 26718—2011 的规定。

二、出入口控制系统

（1）出入口控制系统应由识读单元、信息传输、信息管理和执行单元组成。

（2）出入口控制系统应符合《出入口控制系统工程设计规范》GB 50396—2007 的规定。

（3）对于城市轨道交通区域需要控制的各类出入口，出入口控制系统应具有按不同的通行对象及其准入级别，对其进出实施实时控制和管理的功能。系统功能应符合下列规定：

①应对受控区域的位置、通行对象及通行时间进行实时控制。

②应具有报警功能。

③宜具有防尾随措施。

④应满足紧急逃生时人员疏散的要求。

（4）出入口控制系统设计应符合下列规定：

①应能独立运行和操作。应能向安防集成平台发送报警信息，接收并执行安防监控中心或安防监控分中心的控制信号，并应与视频监控系统联动。

②当供电不正常、断电时，系统的密钥信息及各种记录信息不得丢失。

③系统的备用电源应保证系统连续工作不少于 48 h。

④系统记录保存时间不应少于 180 d。

三、防护对象的安全防范系统工程设计

1. 运营控制中心场所

(1)运营控制中心场所安全防范系统工程设计应符合下列规定:

①应设置视频监控系统、入侵报警系统、出入口控制系统、电子巡查系统和站点级安防集成平台等技术防范系统。

②应设置防盗安全门、围栏和围墙、车辆控制和停车设施、车辆障碍、安全照明等实体防范系统。

(2)运营控制中心场所内各主要位置应按规定设置技术防范系统,如表9-3-1所示。

表9-3-1 控制中心技术防范系统设计要求

序号	位置	应设置的技术防范系统
1	与外界相通的出入口	视频监控系统
2	围栏或围墙	视频监控系统,入侵报警系统
3	楼宇出入口	视频监控系统,出入口控制系统
4	楼宇内各楼层主要通道	视频监控系统
5	垂直电梯内	
6	楼梯口	
7	调度大厅出入口	视频监控系统,出入口控制系统
8	调度大厅内	入侵报警系统
9	安防监控分中心出入口	视频监控系统,出入口控制系统
10	安防监控分中心内	入侵报警系统,站点级安防集成平台
11	设备机房出入口	视频监控系统,出入口控制系统
12	门卫室内	入侵报警系统
13	消防控制室内	
14	存放重要物品、资料、财物的地方	
15	存放重要物品、资料、财物地方的出入口	出入口控制系统

2. 车站

(1)车站安全防范系统工程设计应符合下列规定:

①应设置视频监控系统、入侵报警系统、出入口控制系统、安全检查及探测系统和站点级安防集成平台等技术防范系统。

②应设置防盗安全门、用于导向的围栏和屏蔽门等实体防范系统。

(2)车站内各主要位置应按规定设置技术防范系统,如表9-3-2所示。

表 9-3-2　车站技术防范系统设计要求

序号	位置	应设置的技术防范系统
1	出入口、通道	视频监控系统
2	站厅公共区	
3	进出站检票口	视频监控系统，出入口控制系统
4	进站前	安全检查及探测系统
5	售票设施	视频监控系统
6	乘客服务中心	视频监控系统，入侵报警系统
7	垂直电梯内	视频监控系统
8	公共区楼梯口、自动扶梯口	
9	站台公共区入候车区	
10	票务室及收款室内	视频监控系统，入侵报警系统
11	票务室及收款室出入口	出入口控制系统
12	设备区及办公区出入口及主要通道	视频监控系统
13	设备区及办公区至公共区出入口	出入口控制系统
14	设备与管理用房出入口	
15	车站控制室出入口	视频监控系统、出入口控制系统
16	车站控制室内	入侵报警系统
17	站长室内	
18	站长室出入口	出入口控制系统
19	安防监控分中心出入口	视频监控系统、出入口控制系统
20	安防监控分中心内	入侵报警系统，站点级安防集成平台
21	存放重要物品、资料、财物的地方	入侵报警系统
22	存放重要物品、资料、财物地方的出入口	出入口控制系统

3. 车辆基地

(1)车辆基地安全防范系统工程设计应符合下列规定：

①应设置视频监控系统、入侵报警系统、出入口控制系统、电子巡查系统和站点级安防集成平台等技术防范系统。

②应设置防盗安全门、围栏和围墙、车辆控制和停车设施、车辆障碍、安全照明等实体防范系统。

(2)车辆基地内各主要位置应按规定设置技术防范系统，如表 9-3-3 所示。

表 9-3-3　车辆基地技术防范系统设计要求

序号	位置	应设置的技术防范系统
1	车场出入口	视频监控系统，出入口控制系统
2	主要干道	视频监控系统，电子巡查系统
3	安防监控分中心出入口	视频监控系统，出入口控制系统
4	安防监控分中心内	入侵报警系统，站点级安防集成平台
5	信号楼出入口，调度室出入口	视频监控系统
6	停车列检库、月检库人员及列车出入口，调度室出入口	视频监控系统
7	检修联合库人员及列车出入口，调度室出入口	视频监控系统
8	综合楼、员工宿舍等其他建筑单体的出入口	视频监控系统
9	变电所出入口	视频监控系统
10	存放重要物品、资料、财物的地方	视频监控系统，入侵报警系统
11	存放重要物品、资料、财物地方的出入口	出入口控制系统
12	列车从车场出入正线处	视频监控系统，入侵报警系统
13	围栏和围墙	视频监控系统，入侵报警系统

4. 变电所或其他有关建筑

(1) 主体建筑或出入口位于地面的主变电所安全防范系统工程设计应符合下列规定：

① 应设置视频监控系统、入侵报警系统和出入口控制系统等技术防范系统。

② 应设置防盗安全门、围栏和围墙等实体防范系统。

(2) 主体建筑或出入口位于地面的变电所或其他有关建筑内各主要位置应按规定设置技术防范系统，如表 9-3-4 所示。

表 9-3-4　变电所或其他有关建筑技术防范系统设计要求

序号	位置	应设置的技术防范系统
1	与外界的出入口	视频监控系统
2	围栏和围墙	视频监控系统，入侵报警系统
3	建筑单体出入口	视频监控系统，出入口控制系统
4	存放重要物品、资料、财物的地方	视频监控系统，入侵报警系统
5	存放重要物品、资料、财物地方的出入口	出入口控制系统
6	设备机房出入口	出入口控制系统

四、工程施工和系统调试

1. 管线敷设

(1)管线敷设应符合下列规定：

①桥架安装、管槽的预埋、接头、封口应符合现行国家标准《建筑电气工程施工质量验收规范》GB 50303—2015、《自动化仪表工程施工及质量验收规范》GB 50093—2013和《电缆管理用导管系统 第1部分：通用要求》GB/T 20041.1—2015的规定。

②线缆敷设、引入、接续应符合现行国家标准《自动化仪表工程施工及验收规范》GB 50093—2013和《综合布线系统工程验收规范》GB/T 50312—2013的规定。

③动力电缆、控制电缆、通信电缆、光缆的防火和防毒性能及芯线备用余量应符合现行国家标准《地铁设计规范》GB 50157—2013的规定。

④管线敷设施工应按正式设计文件和施工图纸进行，不得随意更改。

⑤施工中应对隐蔽工程进行随工验收。管线敷设时，应对管线敷设质量进行随工验收，并应填写隐蔽工程验收文件。

(2)除满足本规范要求外，管线敷设还应符合现行国家标准《安全防范工程技术标准》GB 50348—2018的规定。

2. 设备安装

设备安装应符合下列规定：

(1)网络(有线及无线)传输设备应在柜、箱、盘、台内安装，在公共区域内的安装高度应大于2.5 m。在室内用于无线传输的天线宜采用吊顶安装方式，在室外的天线宜采用立杆安装方式，且不应有其他物体对无线信号遮挡。安装应牢固。

(2)柜、箱、盘、台安装应符合现行国家标准《建筑电气工程施工质量验收规范》GB 50303—2015和《自动化仪表工程施工及质量验收规范》GB 50093—2013的规定。

(3)控制箱、柜、盘的安装位置与方式应满足设计要求，各种机柜插接件应插接准确、牢固；机箱应漆饰良好，无脱漆和锈蚀；柜内设备安装应稳定、牢固，位置准确；设备间布线应满足设计要求。

(4)设备安装施工应按设计文件和施工图纸进行，不得随意更改。

✦ 课后习题

一、填空题

1. 地铁涉及安全的重要设施的(   )、系统和设备用房门及管理用房门应设门禁。

2. 门禁系统应实现与火灾自动报警系统的联动控制。车站控制室(   )上应设置门禁紧急开门控制按钮，并应具备手动、自动切换功能。

3. (   )应接收车站级系统下载的系统参数、授权参数、黑名单等信息，并应下传至本地控制器。

4. 门禁系统的备用电源应保证系统连续工作不少于(　　)h。

二、简答题

1. 请简述门禁系统各安全等级的配置应符合的规定。

2. 车辆基地门禁系统的监控对象包含哪些？

参考文献

[1] 汪国利，郭瑞丽，张志鹏. 城市轨道交通综合监控检修工[M]. 北京：人民交通出版社，2017.

[2] 邓泽国. 智能楼宇出入口控制系统安装与调试[M]. 北京：电子工业出版社，2017.

[3] 程国卿，程诗鸣. 安防系统工程方案设计[M]. 西安：西安电子科技大学出版社，2017.

[4] 齐晓华，杨辉. 城市轨道交通 FAS 及气灭系统[M]. 成都：西南交通大学出版社，2021.

[5] 中华人民共和国住房和城乡建设部. 地铁设计规范：GB 50157—2013[S]. 北京：中国建筑工业出版社，2014.

[6] 中华人民共和国住房和城乡建设部. 出入口控制系统工程设计规范：GB 50396—2007[S]. 北京：中国计划出版社，2007.

[7] 中华人民共和国住房和城乡建设部. 城市轨道交通公共安全防范系统工程技术规范：GB 51151—2016[S]. 北京：中国计划出版社，2017.

附录 1
城市轨道交通门禁系统常用英文缩略语对照表

缩略词	英文全称	中文名称
ACS	access control system	门禁系统
AFC	automation fare collection	自动售检票系统
CCTV	closed circuit television	视频监视系统
CLK	clock	时钟系统
FAS	fire alarm system	火灾自动报警系统
IBP	integrated backup panel	综合后备盘
ISCS	integrated supervision and control system	综合监控系统
MTBF	mean time between failure	平均无故障时间
MTTR	mean time to repair	平均修复时间
OCC	operating control center	控制中心
TCP/IP	transmission control protocol/internet protocol	传输控制协议/网络互联协议

附录 2 城市轨道交通门禁相关标准规范

门禁系统应满足相应的国家标准和规范，部分规范如下：
1.《地铁设计规范》GB 50157—2013
2.《出入口控制系统工程设计规范》GB 50396—2007
3.《安全防范工程程序与要求》GA/T 75—1994
4.《安全防范系统通用图形符号》GA/T 74—2017
5.《安全防范系统验收规则》GA 308—2001
6.《安全防范工程技术标准》GB 50348—2018
7.《民用建筑电气设计标准》GB 51348—2019
8.《建筑物电子信息系统防雷技术规范》GB 50343—2012
9.《建筑设计防火规范(2018 年版)》GB 50016—2014
10.《电气装置安装工程 接地装置施工及验收规范》GB 50169—2016
11.《消防联动控制系统》国家标准第 1 号修改单 GB 16806—2006/XG1—2016
12.《智能建筑设计标准》GB 50314—2015
13.《智能建筑工程质量验收规范》GB 50339—2013
14.《数据中心设计规范》GB 50174—2017
15.《地下铁道工程施工质量验收标准》GB/T 50299—2018

门禁系统设备的制造、试验和验收应符合以上标准。国外采购设备及材料满足国际相关标准，国内采购设备及材料满足国内相关标准，当两个标准有不一致时，按最高标准执行。